(844)   € 20,-
WH 28886
L 16

FRANZ ZEIER **PAPIER**

: **Haupt**

PAPIER

VERSUCHE ZWISCHEN GEOMETRIE UND SPIEL
FRANZ ZEIER

4. Auflage

Verlag Paul Haupt
Bern · Stuttgart · Wien

Redaktionelle Mitarbeit:
Dr. phil. Louise Gnädinger

Grafische Gestaltung:
José Toggwiler

Fotos:
Franz Zeier

1. Auflage: 1974
2. Auflage: 1984
3. Auflage: 1993

Die Deutsche Bibliothek – CIP-Einheitsaufnahme

Zeier, Franz:
Papier : Versuche zwischen Geometrie und Spiel /
Franz Zeier. –
4., unveränd. Aufl. –
Bern ; Stuttgart ; Wien : Haupt, 2001
ISBN 3-258-04694-8

Alle Rechte vorbehalten
Copyright © 2001 by Paul Haupt Berne
Jede Art der Vervielfältigung ohne Genehmigung des Verlages ist unzulässig
Dieses Papier ist umweltverträglich, weil chlorfrei hergestellt
Printed in Switzerland

www.haupt.ch

EINLEITUNG

In gewissem Sinn ist dieses Buch die Bestandesaufnahme einer sich über zehn Jahre erstreckenden Tätigkeit an der Kunstgewerbeschule Zürich, während der ich mit Schülern verschiedener Vorkurs- und Fachklassen zusammengearbeitet habe. Davon zeugt eine Reihe hier gezeigter Schülerarbeiten wie auch eigene Versuche, die in unmittelbarem Zusammenhang mit Aufgabenstellungen für den Unterricht entstanden sind.* Aus der Beschäftigung des Sichtens und Ordnens der «Vorräte» ergab sich nun für mich allerdings wieder neue Anregung und Arbeit, von der hauptsächlich der Teil «Exkurse zwischen Geometrie und Spiel» zeugt, aber auch die Kapitel «Würfelgliederungen», «Würfeldurchdringungen», «Flächen und Körper im Würfelraum». Den unmittelbaren Anstoss zu dieser Bestandesaufnahme und somit zu dieser Veröffentlichung überhaupt, ohne den sie vermutlich nie in dieser Form realisiert worden wäre, verdanke ich Herrn Dr. Max Haupt.

Dieser kurzen Entstehungsgeschichte ist zu entnehmen, dass das Buch nicht nach einem schon am Anfang feststehenden Schema entstanden ist, sondern seine Form nach und nach gefunden hat. Es bleibt auch, trotz der Einheitlichkeit, die es seiner Gliederung und dem Charakter der gezeigten Arbeiten verdankt, grundsätzlich erweiterbar, für mich selbst wie für den Benützer; mir scheint, dass gerade diese Offenheit des Ganzen etwas wesentlich Anregendes mit sich bringe. Zugleich wäre diese Eigenschaft als Begründung des Titels zu verstehen, im besonderen des darin enthaltenen Begriffs «Versuche».

Um aus dem Buch ein brauchbares Arbeitsinstrument zu machen, wollte ich mich nicht mit einem Vorstellen fertiger Resultate begnügen. Es war mir wichtig, die Wege nachzuzeichnen, die zu jenen hinführten, und die Überlegungen

* Ein Verzeichnis der abgebildeten Schülerarbeiten findet man auf Seite 320.

anzudeuten, die währenddem gemacht wurden. Diese Methode zielt darauf hin, die Aufmerksamkeit von den hemmenden Vorstellungen brillanter Ergebnisse weg auf den meistens unvorhersehbaren und spannenden Arbeitsprozess selbst zu lenken, denn hier liegt die fruchtbare Auseinandersetzung mit der Materie und mit sich selbst, das Erlebnis, und somit der Gewinn.

Ein Hilfsmittel von besonderem Wert werden die beigegebenen Zeichnungen sein. Man kann sich mit ihrer Hilfe Klarheit über den Aufbau einer Figur verschaffen und diese auch nachkonstruieren. Es ist jedoch nicht die Meinung, dass die gezeigten Objekte einfach als «Vorlagen» benützt, d. h. mehr oder weniger gedankenlos kopiert werden sollen, denn dabei würde das eigentliche Anliegen des Buches, welches auf das Aktivieren der kreativen Fähigkeiten des Einzelnen abzielt, verkannt. Die Proportionen in den Zeichnungen entsprechen übrigens aus technischen Gründen nicht immer denjenigen der dazugehörenden Objekte.

Ich will an dieser Stelle noch auf eine mögliche Verwendung des Buches für den Geometrieunterricht hinweisen. Wenn auch die geometrischen Figuren hier in erster Linie vom ästhetisch-formalen Gesichtspunkt aus betrachtet werden wollen, so könnte man trotzdem den Akzent für einmal verlegen, um die mathematisch-geometrischen Probleme mehr im Vordergrund zu haben. So gesehen, gewinnen wir im gleichen Moment eine Menge von Anschauungsmaterial und Experimentierobjekten, die den Geometrieunterricht wesentlich bereichern und aktualisieren müssten, besonders wenn der einzelne Schüler selbst an der Herstellung der Körper beteiligt würde. Etwas vom Wertvollen wäre dann eben, die allgemeinere und darin die ästhetisch-formale Betrachtungsweise noch innerhalb des Blickfeldes zu haben.

Wie bereits angedeutet wurde, ist ein grosser Teil der abgebildeten Figuren in Zusammenarbeit mit Lernenden verschiedener Berufsrichtungen entstanden, mit Werk- und Zeichenlehrern, Architekten, Innenarchitekten, Designern, Fotografen, Grafikern und Dekorateuren. Dementsprechend wendet sich diese Veröffentlichung wieder in erster Linie an Berufstätige der genannten Sparten, darüber hinaus aber selbstverständlich an jeden, der Interesse und Lust hat, sich aus irgendeinem Grund mit solchen Gebilden aus Papier zu beschäftigen. Der Doppelcharakter als Werkbuch und Bildband macht es schliesslich möglich, dass auch derjenige, der sich überhaupt nicht arbeitend beteiligen will, einfach an der Vielfalt der dargebotenen Papierformen erfreuen kann.

In den folgenden zwölf Punkten sind auf bündige Art einige wesentliche Anliegen meines Unterrichts und damit auch dieses Buches ausgesprochen:*

1.

Der Unterricht «Arbeiten mit Papier» will zeigen, welche besonderen gestalterischen Möglichkeiten im Papier enthalten sind.

2.

Er soll uns dazu führen, auf dem Gebiet der plastischen Gestaltung erfinderischer und urteilsfähiger zu werden, die Vorstellungsgabe und das Kombinationsvermögen zu entwickeln.

3.

Die Beschäftigung mit einfachen, oft geometrischen Formen wird uns erlauben, Gebilde zu schaffen, deren Verhältnisse überschaubar und folglich verhältnismässig leicht zu beurteilen sind.

4.

Was uns vor allem interessiert, sind nicht die mehr oder weniger endgültigen Lösungen, sondern vielmehr das, was wir auf unseren Gestaltungswegen entdecken: die Verwandlungsfähigkeiten einer räumlichen Form, die Kombinationsmöglichkeiten mehrerer gleicher oder ähnlicher Formen usw.

5.

Wir versuchen die Vielseitigkeit einer Aufgabe, eines Problems zu erkennen, die verschiedensten möglichen Wege zu einer Lösung zu entdecken und auch zu beschreiten.

6.

Wir machen nicht abstrakte Kunst, sondern sammeln Erfahrungen im Umgang mit Formen, mit Formen aus Papier.

7.

Wichtig ist, dass wir dem Material gemäss arbeiten, in seinen Charakter einzudringen versuchen.

8.

Auch wenn in diesem Unterricht der Akzent eindeutig auf dem Gestalterischen liegt, kommt doch dem Manuellen

* Die zwölf Punkte sind als Zitate im Aufsatz «Arbeiten mit Papier – Der Unterricht Franz Zeiers an der Kunstgewerbeschule Zürich» von Dr. Eduard Plüss in Heft 12, 88. Jahrgang, 1969, der Typographischen Monatsblätter erstmals gedruckt worden.

eine grosse Bedeutung zu. Soweit es die kurze Unterrichtszeit erlaubt, werden die Schüler in die wichtigsten Bearbeitungstechniken eingeführt. Solche Übungen werden immer mit gestalterischen Aufgaben verbunden.

9.
Wie kaum ein anderer Werkstoff erhebt das Papier Anspruch auf subtile Behandlung. Exaktes Arbeiten wird über weite Strecken unerlässlich sein. Nicht allein der Werkstoff verlangt dies, sondern ebenso der Charakter der meisten Arbeiten. Darin liegt ein erzieherisches Moment des Papierunterrichts. Eine genaue Arbeit ist aber nicht immer schon eine gute Arbeit.

10.
Je mehr eine Gestaltungsidee aus dem Papier selbst entsprungen ist, um so leichter und richtiger wird sie sich in Papier realisieren lassen. Meistens werden sich die Vorstellungen während der Arbeit noch verwandeln und entwickeln. Planen und Ausführen liegen nicht getrennt nebeneinander, sondern sind miteinander verflochten.

11.
Vorgängiges Skizzieren kürze man womöglich ab, besser beginnt man mit einer Studie im Material, mag sie auch noch so einfach sein. Es ist dies die praktische oder experimentierende Arbeitsweise: Man denkt mit dem Werkstoff oder genauer: *im* Werkstoff.

12.
Eine gute Lösung ist dann erreicht, wenn die erarbeitete Gestalt ein Ganzes geworden ist, wenn ihre Teile miteinander übereinstimmen und die Grundabsicht klar in Erscheinung tritt.

Das Resultat soll einfach, überschaubar, vor allem auch lebendig sein. Lebendig heisst hier soviel wie geordnet und bewegt.

Es bleibt mir noch die angenehme Pflicht, meinen Mitarbeitern zu danken: Dr. phil. Louise Gnädinger für redaktionelle Mithilfe und allgemeine Beratung, José Toggwiler für die grafische Gestaltung, Elisabeth Zeier für das Herstellen sämtlicher Vergrösserungen sowie Arthur Samuel und Hansruedi Meier für die spontane Bereitschaft, sich der Ausarbeitung von Maquette und Abwicklungsskizzen anzunehmen.

- 5 **Einleitung**
- 9 **Inhalt**
- 10 **Papier im Alltag**

- 21 **Der Werkstoff Papier**
- 22 Papierschöpfen
- 24 Laufrichtung
- 24 Gewicht und Lichtbeständigkeit
- 25 Formen aus Papiermaché
- 26 Papiermustersammlung

- 29 **Grundlegende manuelle Bearbeitungsarten**
- 30 Der Arbeitsplatz
- 32 Biegen und Rollen
- 34 Falten
- 36 Rillen und Ritzen
- 38 Schneiden
- 40 Verschlingen und Flechten
- 45 Kleben
- 46 Zerknüllen, Reissen, Stechen, Schlagen

- 51 **Von der Fläche zum Raum**
- 52 Flächenteilungen
- 57 «Passepartouts»
- 61 Rhythmische Studien mit Quadraten
- 68 Reliefs und Körper aus Streifen
- 76 Dreidimensionale Figuren aus dem Quadrat
- 80 Rillblätter
- 88 Regelmässige Faltungen
- 100 Entwicklung eines Faltschemas
- 116 Halbregelmässige Faltungen

- 120 Pliagen

- 125 **Plastisches Gestalten mit Papier, am Würfel demonstriert**
- 126 Ausgangssituation
- 128 Von der Skizze zur fertigen Figur
- 132 Strukturieren der Oberfläche
- 139 Durchbrechen, Perforieren, Verschachteln
- 146 Flechten
- 152 Abstumpfen der Ecken und Kanten
- 160 Würfelgliederungen
- 180 Abschrägen
- 188 Verwinden
- 194 Stauchen
- 198 Der umfallende Würfel
- 208 Würfeldurchdringungen
- 216 Würfelteilungen
- 226 Flächen und Körper im Würfelraum

- 236 Papierblumen

- 241 **Exkurse zwischen Geometrie und Spiel**
- 242 Folgerungen aus einer Würfelhalbierung
- 246 Eine Würfeldurchdringung als Bauelement
- 254 Raumgitter aus Oktaedern und Kuboktaedern
- 262 Versuche mit einem Schalenelement
- 270 Körper mit regulären Dreieckflächen
- 276 Arbeiten aus dem Kreis
- 282 Stelen

- 288 Spielzeug und Spielobjekte

- 297 **Im Bereich der praktischen Anwendung**
- 298 Einladungs- und Glückwunschkarten
- 303 Verpackungen
- 310 Labyrinthe – Arbeiten aus Wellkarton
- 316 Masken – Verformungen aus feuchter Handpappe

PAPIER IM ALLTAG

Dieses erste Kapitel, das einige Beispiele von mehr oder weniger alltäglichen Erscheinungsformen des Papiers zeigt, möchte vor allem zum Beobachten auffordern und anleiten. Meistens werden ja so unscheinbare Dinge übersehen, man findet keinen Grund, seine Aufmerksamkeit besonders darauf zu richten. Abgesehen jedoch davon, dass jedes konsequente und über längere Zeit geübte Beobachten mindestens den Sinn haben wird, dass es konzentrierend wirkt und den Blick aus dem Ungefähren, unbestimmt Umherschweifenden herausholt, haben wir einen besonderen Grund dazu: Wir sammeln Eindrücke auf Vorrat. Das Ziel wäre, sich ein «Imaginäres Museum des Papiers» einzurichten, mag sich das nun bloss im Kopf befinden oder zusätzlich in einem Notizheft, in einem Klebebuch mit Hilfe von Fotos, Bildern aus Zeitschriften, Notizen oder Skizzen.

Nicht dass wir nun eine

Hetzjagd veranstalten müssten auf jeden Fetzen Papier, denn das wäre so sinnlos wie ermüdend. Jedoch möchten wir unseren Blick allmählich daran gewöhnen, papierene Situationen zu bemerken, auf ihre «Brauchbarkeit» hin zu prüfen und wenn nötig festzuhalten. Wir tun dies also einerseits, um anregendes Material für unsere eigenen zukünftigen Versuche in Papier zu sammeln, andererseits wird es dazu verhelfen, unsere Auffassungs- und Beobachtungsgabe zu entwickeln, das Formengedächtnis zu stärken, die Phantasie anzuregen.

Abb. 2–11.

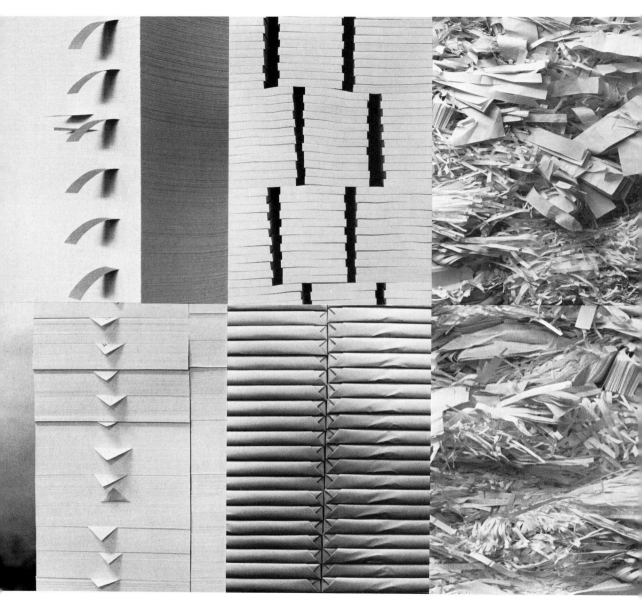

Solche papierene Gegenstände können an den verschiedensten Orten gefunden werden, meistens schon in der nächsten Umgebung, wo irgend ein Objet trouvé konkret etwas zum Ausdruck bringt, z. B. eine einfache, bezeichnende Situation im Raum angibt, eine anreizende Struktur aufweist, ein originelles Massverhältnis. Es kann die Darstellung eines Gegensatzes wie glatt/gefältelt sein oder die Verfremdung von etwas Altgewohntem. Es kann das Bezeichnende weniger in ihm selbst als in seinem Verhältnis zur Umgebung liegen: ein

Da erhob sich wieder der Papierstreifen aus dem Korbe – wo er freilich obenauf, dem Luftzuge ausgesetzt, gelegen hatte – und flog bis auf meinen Schreibtisch, um sich unmittelbar über einen Stoss Schreibpapier zu legen, welches ich kürzlich erst gekauft und von dessen einem Bogen ich ihn selbst abgeschnitten.
 Karl von Holtai
 Stimmen des Waldes
 1854

Kontrast des Materials vielleicht, der Farbe, der Bewegung. Man beobachte nicht krampfhaft, aber genau.

Irgend eine Besonderheit oder Eigenart weckt auch am Gewöhnlichen unsere Aufmerksamkeit. Gemeint sind in den gegebenen Abbildungen somit nicht skurrile, speziell seltene, kostbare oder gar «nette» Gegenstände als vielmehr solche, die uns durch irgendwelche Eigentümlichkeit, durch ein besonderes Merkmal oder eine ungewöhnliche Eindeutigkeit im Ausdruck auffallen und ansprechen.

Wenn auch nicht von jedem dieser so entdeckten Dinge Anregung zu einer bestimmten Arbeit ausgeht, ist doch immer wieder auf dieses heitere Archiv zurückzukommen, denn irgend etwas davon wird sicher in unsere Arbeit eingehen.

Der Wirklichkeitsausschnitt Papier wird uns zeigen, wieviel «herumliegt» im Alltag, wieviel wir allein durch einen aufmerksamen Blick «gewinnen» können an schöpferischem Material, an Rohstoff für unser papierenes Experiment. Und alle diese für uns neu entdeckten Objekte aus Papier sprechen durch das Auge das Tastgefühl, das Haptische, an. Auf dieses Anreden besonders können wir antworten mit eigener Arbeit, mit unseren, anfänglich vielleicht tastenden, Versuchen. Indem wir einmal den Gesichtswinkel auf den Bereich des Papiers einengen, erweitern wir uns.

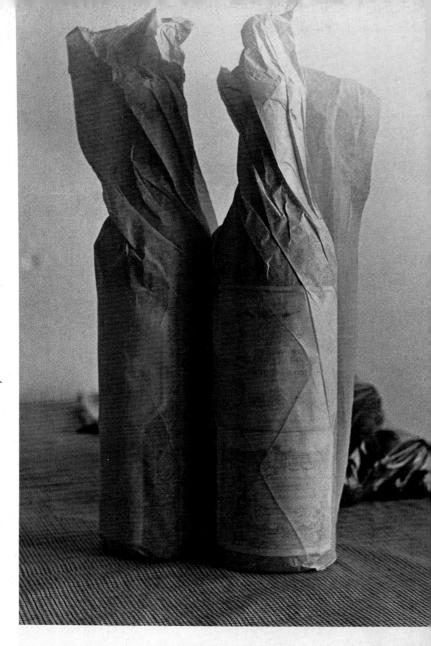

Abb. 12–17.

Abb. 18–26.

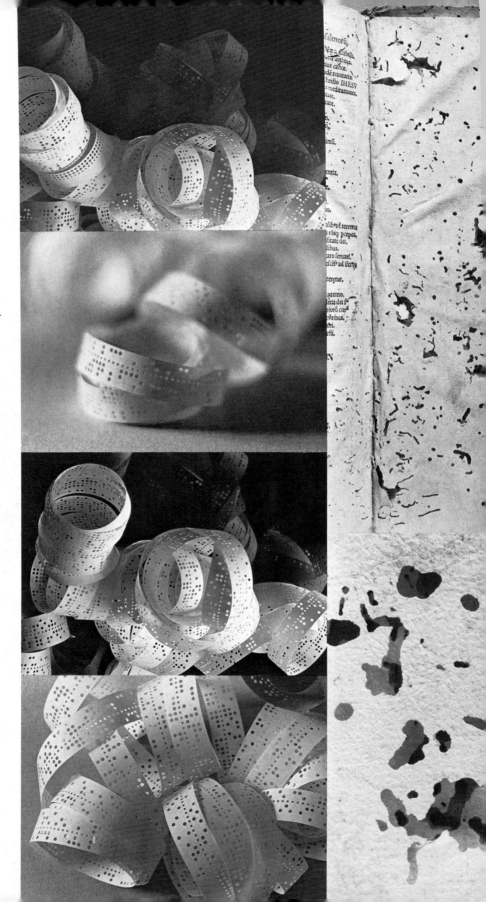

Da es ersonnen:
Was gilt es dir?
Die Welt bleibt begonnen
auf dünnem Papier.
Papier, schwarz im Feuer,
ein Ruch dann von Leim,
aus Luft bald ein neuer
flüchtiger Reim.
    Heinz Piontek
    Unablässiges Gedicht

...
Denn der Schneider mit der Scher'
Kommt sonst ganz geschwind daher,
Und die Daumen schneidet er
Ab, als ob Papier es wär'.
    Heinrich Hoffmann
    Die Geschichte vom Daumenlutscher

...
kleine Wagen kann er machen,
Hüte von Papier und Drachen,
...
    Juliane Metzger
    Spielzeug

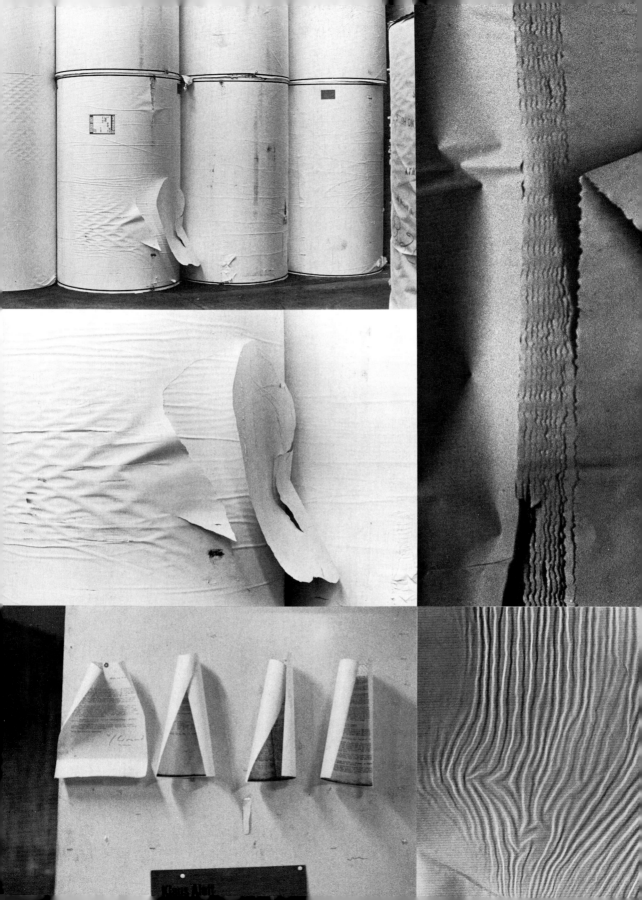

Abb. 27–34.

Weiss Papier und blau
    Papier,
Mädle, nimm kein Offizier!
Nix im Säckle, nix im Sack,
als ein Päckle Rauchtabak.
    H. M. Enzensberger
    Allerleirauh

Hinter uns,
zwischen Wasserrosen,
schaukelt der Mond.
Tausend bunte Papier-
laternen schillern an seid-
nen Fäden.
    Arno Holz
    Phantasus

Die Höflichkeit und Bündig-
keit erstrecken sich sogar
auf das intime Format des
blitzsauberen Briefpapiers.
Auch noch parfümiert
trat dieser Herr Johannes
Fischer unbekannterweise
auf.
    Robert Walser
    Der Gehülfe

... und legte ich immer ein
sauberes Blatt Papier auf
eine Unterlage, entfernte
die Hülse vom Füllfeder-
halter, beschrieb das Blatt,
faltete es zusammen,
steckte es in einen Um-
schlag, beschriftete den
Umschlag, klebte eine Marke
darauf und warf den Brief
ein.
    Peter Handke
    Der kurze Brief zum
    langen Abschied

DER WERKSTOFF PAPIER

Papierschöpfen,
Laufrichtung,
Gewicht und Lichtbeständigkeit
Formen aus Papiermaché
Papiermustersammlung

PAPIERSCHÖPFEN

Papier und Karton sind für unsere Arbeit, ausser einigen Klebemitteln, die hauptsächlichen Werkstoffe. Je genauer wir diese kennen, desto besser werden wir damit arbeiten. Man bemühe sich, den Werkstoff zu verstehen, sich in ihn einzufühlen, erst dann wird man richtig mit ihm umgehen und «materialgerecht» arbeiten können. Es ist das Kennzeichen des schlechten Handwerkers, dass er sein Material vergewaltigt, da es ihm nicht gehorcht.

Ein guter Weg, mit dem Papier vertraut zu werden, ist der Versuch, selbst einige Bogen herzustellen, genauer: zu schöpfen. Auf diese Weise können wir seine Beschaffenheit intensiv wahrnehmen, und seine innere Struktur wird sich zu erkennen geben. Für jene, die sich dazu entschliessen können, sei der Hergang des Papierschöpfens kurz beschrieben.

Das Rohmaterial, welches die Fabriken direkt aus Holz gewinnen, bereiten wir uns aus alten Zeitungen, Packpapier, Pappschachteln, Wellkarton, indem wir diese Stoffe zu Schnitzeln zerreissen, einige Stunden oder noch besser Tage aufweichen lassen und zuletzt durch Schlagen, Stossen, Umrühren in einen möglichst gleichmässigen, mehr oder weniger glatten Brei verwandeln. Dieser wird mit Wasser verdünnt, bis er etwa die Konsistenz von Milch hat, und dann in ein Becken oder einen Trog geleert. Das Gefäss soll um einiges weiter sein als die im folgenden beschriebene Schöpfform.

Die Schöpfform kann aus feinem Drahtgeflecht oder Nylongewebe (wie es für den Siebdruck gebraucht wird) bestehen, welches auf einen Rahmen gespannt wird, ähnlich wie die Leinwand des Kunstmalers auf den sogenannten Keilrahmen. Damit das Sieb nicht durchhängt, sondern auch während des Schöpfens völlig plan bleibt, wird es von schmalen Querstegen, dazwischen eventuell von einem zweiten, stärkeren Drahtnetz, gestützt. Das Ganze wird, wiederum wie das Bild des Kunstmalers, in einen weiteren Rahmen gefasst, jedoch darin nicht fixiert, denn der äussere Rahmen muss sich vom Siebrahmen leicht abheben lassen. Er soll etwa 2 cm vom Sieb senkrecht nach oben vorstehen, im sogenannten Falz gut an das Sieb anschliessen und mit diesem zusammen eine Art flaches Gefäss bilden.

Nachdem der Papierstoff nochmals durchgerührt wurde, fasst man die Schöpfform, ihre beiden Teile mit den Händen fest zusammenpressend, fährt damit schräg in die

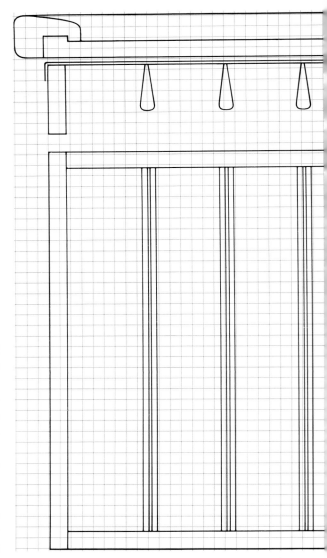

Schöpfform mit leicht abgehobenem Schöpfrahmen im Schnitt.

Gerüst des Schöpfsiebes allein, von oben gesehen.

Flüssigkeit hinein und zieht sie alsbald wieder, mit Papierstoff gefüllt, in waagrechter Haltung heraus. Eine gleichmässige kreuzweise Schüttelbewegung fördert die Verfilzung der Fasern und sorgt für deren gleichmässige Ablagerung auf der Siebfläche, während das Wasser rasch nach unten abfliesst.

Ist die Papiermasse soweit entwässert, dass sie auch bei starker Schräghaltung des Siebes nicht abrutscht, kann der Rahmen weggehoben werden. Nun sind schon die Umrisse des zukünftigen Blattes auf der Siebfläche sichtbar. Den Vorgang, bei dem der noch sehr nasse, etwa 2 mm dicke Faserfilz vom Sieb auf ein filziges Tuch übertragen wird, nennt man Abklatschen. Man legt das Tuch dabei mit Vorteil auf eine leicht nach oben gewölbte Fläche, z. B. auf ein gebogenes Blech, auf Pavatex oder Sperrholz. Das Sieb wird mit einer Kante parallel zum geraden Rand der Unterlage angesetzt, dann gekippt und mit mässigem Druck, ohne zu verrutschen, abgerollt. Zwischen trockenen Tüchern oder Filzen und zwei Brettern oder Blechen wird das restliche Wasser ausgepresst. Eine Kopier- oder Stockpresse leistet dabei gute Dienste. Befreit man hernach das Blatt von Auf- und Unterlage, hat es bereits so viel Festigkeit, dass es zum weiteren Trocknen über eine straff gespannte Schnur gehängt werden kann. Der Papierbogen behält nun die Struktur der Gewebe, zwischen denen er gepresst worden ist.

Wie aus der milchigen Flüssigkeit der rechteckig begrenzte nasse Filz entsteht, durch das Auspressen Festigkeit gewinnt und zuletzt durch das Trocknen zu einem schönen grauen Blatt Papier wird, diesen Prozess zu verfolgen, ist interessant, ja spannend.

Das vorgängige Studium einer alten Schöpfform in einem Papiermuseum (z. B. in Basel, Mainz) oder in einer Papierfabrik, dann auch das Mitverfolgen des Schöpfvorganges selbst, wenn sich Gelegenheit dazu bietet, könnte sicher einige Umwege ersparen. Vielleicht aber würden das Vergnügen und die Überraschung, die ein selbständiges Experimentieren mit sich bringt, dadurch geschmälert. Man braucht hier ja nicht auf Perfektion zu drängen, geht es doch um den Vorgang als solchen mindestens so sehr wie um das Resultat.

Das selbstgeschöpfte Papier kann durch die Wahl verschiedener Rohstoffe und deren Mahlgrad, durch Beimischung von Farbstoffen und durch Pressen zwischen verschiedenen Gewebearten variiert werden.

LAUFRICHTUNG

Auf die industrielle Herstellung des Papiers wird in diesem Buch, das ja kein ausgesprochenes Fachbuch sein will, nicht eingegangen, ebensowenig auf seine Geschichte. Nur über die sogenannte Laufrichtung, ihre Ursache wie ihre möglichen Auswirkungen, soll das Nötigste gesagt werden, weil sie bei vielen hier beschriebenen Arbeiten berücksichtigt werden muss.

Die modernen Papiermaschinen imitieren auf raffinierte Weise den im letzten Abschnitt beschriebenen primitiven Schöpfvorgang. Das dort relativ kleine rechteckige Sieb ist da ein «endloses», kontinuierlich über Rollen laufendes, bis zu ca. 10 m breites Sieb-Band. Am Anfang der Siebpartie befindet sich der sogenannte Stoffauflauf, die Stelle, wo der 99% Wasser enthaltende Papierstoff auf das Sieb ausfliesst. Trotz einer Schüttelbewegung des ganzen Siebes in der Querrichtung kann nicht verhindert werden, dass die Fasern mehrheitlich in die Laufrichtung der Maschine zu liegen kommen. Diese Tatsache hat eine gewisse Unausgeglichenheit der inneren Struktur allen maschinell hergestellten Papiers zur Folge, eben die «Laufrichtung». In dieser Richtung lässt sich das Papier leichter biegen, falten, rillen, ritzen und reissen. Wenn es feucht wird, dehnt es sich stärker in der Querrichtung, weil die Fasern quellen, also dicker werden, in der Länge sich aber nur unwesentlich verändern. Beim Trocknen zieht es sich wieder zusammen. Dieses Verhalten muss vor allem beim Kleben von Flächen einberechnet werden.

Das Herausfinden der Laufrichtung eines Blattes Papier kann demnach darin bestehen, dass das Blatt in beiden Hauptrichtungen umgebogen und dabei der Unterschied in der Spannung der Wölbung mit der Handfläche geprüft wird. Andere Prüfmöglichkeiten bieten das Anfeuchten einer Ecke oder eines Abschnittes, das Einreissen in beiden Richtungen (wenn es erlaubt ist) oder die bekannte Nagelprobe an zwei aneinanderstossenden Kanten. Oft ist die Laufrichtung schon mit einem Blick auf das Blatt zu erkennen, besonders bei Streiflicht: die Laufrichtung zeigt dann eine mehr oder weniger unregelmässige Längsstruktur.

GEWICHT UND LICHT-BESTÄNDIGKEIT

Das Gewicht einer bestimmten Papier- oder Kartonqualität wird in Quadratmetergrammen angegeben, gm² oder g/qm, was heisst, dass der Quadratmeter einer bestimmten Papiersorte soundsoviel Gramm wiegt. Die Grenze zwischen Papier und Karton wird bei ungefähr 150 gm² gesetzt.

Man unterscheidet holzhaltiges und sogenannt holzfreies Papier. Beide Sorten bestehen in der Hauptsache aus Holzfasern, die eine jedoch, das holzfreie Papier, aus vorgängig chemisch bearbeiteten. Holzfreies Papier gilbt nicht oder nur schwach.

FORMEN AUS PAPIERMACHÉ

36

Der gleiche Papierstoff, den wir zum Papierschöpfen brauchen, eignet sich auch zum Modellieren einfacher kleiner Figuren, wenn wir ihn vorher entwässern und mit Kleister mischen. Das Material verbietet eine detaillierte Ausarbeitung, was wir allerdings nicht für einen Nachteil halten. Die sparsame und treffsichere Bemalung ergänzt die manuell unpräzise, aber charakteristische Form der Hühnchen zu eindeutiger und überzeugender Erscheinung.

Farbige Gestaltung: H. U. Steger

PAPIERMUSTERSAMMLUNG

Wenn wir uns eingehender mit den verschiedenen Papiersorten beschäftigen oder gar eine kleine Mustersammlung anlegen, dann nicht vor allem, um mehr zu wissen, sondern um besser mit den diversen Qualitäten vertraut zu werden. Mehr als die Verwendungszwecke interessiert uns ihr ästhetischer Wert. Die Mannigfaltigkeit ist erstaunlich, wenn man dann einmal die Musterblättchen vor sich sieht: leicht/schwer, dick/dünn, spröde/geschmeidig, glatt/gekörnt, durchsichtig/undurchsichtig, matt/glänzend sind einige Gegensatzpaare, mit denen ihre Erscheinungsweise umschrieben werden könnte. Dann kommen die Farben hinzu: Wir erkennen z.B., dass kein Weiss dem anderen gleich ist. Das eine spielt ins Bläuliche, das andere ins Gelbliche, wir entdecken eine fein gestufte Skala von wärmeren und kälteren Tönen, wo wir vorher einfach nur weiss vermuteten. Solche Beobachtungen erhöhen die Sensibilität des Auges, schärfen den Blick und verfeinern den Tastsinn.

Die folgende Liste gelte als Vorschlag für die Zusammenstellung der Papiermustersammlung.

37
Das Faltheft mit den Papiermustern vermittelt Anregung und erlaubt Einblick in die Vielfalt der Papierarten.

Büttenpapier, eventuell Muster eines selbst geschöpften Blattes
Japanpapier
Chinapapier
Zeichnungspapier gekörnt
Zeichnungspapier glatt
Ingrespapier
Aquarellpapier
Pauspapier
Schreibpapier glatt
Schreibpapier maschinenglatt
Luftpostpapier
Dokumentenpapier
Offsetpapier
Zeitungsdruck
Kunstdruckpapier
Dünndruckpapier
Plakatpapier
Kupferdruckpapier
Federleichtpapier
Werkdruck vergé
Papier aus synthetischen Fasern
Umschlagpapier
Glanzpapier
Chromopapier
Schreibmaschinenpapier
Kraftpack
Javapack
Kreppack
Pergamynpapier
Seidenpapier
Schrankpapier
Serviettenpapier
Löschpapier
Paraffiniertes Papier
Küchenkrepp
Fotokarton
Kartothekkarton
Hochglanzkarton
Newsboard
Grau Maschinenkarton
Grau Handpappe
Holzkarton

Man ordne die Muster so an, dass ein kontrastreicher, kurzweiliger Ablauf entsteht.

Die Musterblättchen (Format 4 × 8 cm quer, siehe Bild) werden nur am linken senkrechten Rand 2 mm breit mit Klebstoff versehen. Die Klebstellen sollen auf der Vorderseite unsichtbar sein, die Blättchen wie bloss hingelegt erscheinen. Die Beschriftung kann unaufdringlich neben dem Muster oder darunter angebracht werden.

Nun zum Büchlein selbst: Es besteht aus einem zickzack gefalteten, möglichst langen Streifen Schreib- oder Offsetpapier von 110–140 gm^2 Gewicht (Laufrichtung quer!) und von 24,5 cm Breite. Man bezeichnet den Abstand bis zum ersten Falz, der 10 cm beträgt, von einer Schmalseite her, äusserst genau und im Winkel. Dann wird scharf gerillt und gefaltet. Nun geht es ohne zu messen und zu rillen weiter: jeder Falz kommt genau senkrecht über den vorhergehenden zu liegen. Je nach Bedarf werden zwei bis drei gefaltete Streifen ineinandergehängt und mit einigen Tupfen Klebstoff fixiert. Der Umschlag ist aus Zeichen- oder Umschlagkarton gerillt (150–180 gm^2). Beim Berechnen der Rückenbreite ist daran zu denken, dass die Dicke des Leporello (Handharmonikafaltung) mit dem Einkleben der Muster etwas zunimmt. Die beiden Umschlagklappen, die am Anfang und am Ende des Leporello eingeschlagen werden, sind 5 mm schmäler als das Heft selbst, damit sie im Falz nicht anstehen.

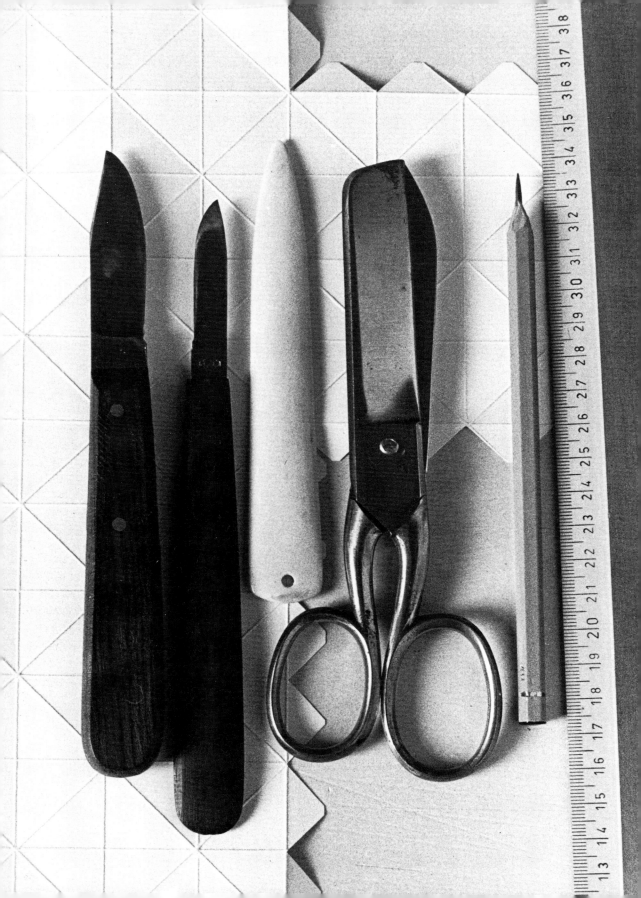

GRUNDLEGENDE MANUELLE BEARBEITUNGSARTEN

Der Arbeitsplatz
Biegen und Rollen
Falten
Rillen und Ritzen
Schneiden
Verschlingen und Flechten
Kleben
Zerknüllen, Reissen,
Stechen, Schlagen

DER ARBEITSPLATZ

Es dürfte von Nutzen sein, hier einige Bemerkungen zum Arbeitsplatz einzufügen. Der Tisch muss absolut plan sein, am besten dient eine Tischlerplatte oder ein grosses Reissbrett. Darauf kommt eine Kartonunterlage. Sie befindet sich am Platz des hauptsächlichen Hantierens und soll ebenfalls vollkommen plan liegen. Das beste ist ein Stück grauer Handpappe – etwa von der Grösse 50 x 70 cm, 2 mm dick –, das man in der Papeterie oder beim Buchbinder holt. Rillarbeiten verlangen eine weichere Unterlage, Holz- oder grauen Maschinenkarton. Ist die Oberfläche des Tisches sehr glatt, klebe man die Unterlage auf der Platte fest, damit sie nicht umherrutscht.

An Werkzeug soll zur Verfügung stehen: Falzbein, Messer, Schere, Bleistift, Zirkel, Massstab, zwei Winkel. Das Falzbein darf nicht plump sein, der Grösse der Hand angemessen (durchschnittlich 14 cm lang) und nach vorn langsam in eine Spitze auslaufend wie ein schlankes Boot. Wenn nötig wird das Falzbein mit feinem Schleifpapier in die gewünschte Form gebracht. Es soll scharf genug sein, um eine saubere, schmale Rille zu erzeugen, jedoch nicht so scharf, dass es das Papier aufrauht und verletzt. So wenig wie das Falzbein darf das Messer unhandlich sein. Die Klinge soll im Griff nicht locker sitzen, sie muss ziemlich dünn und absolut scharf geschliffen sein. Geeignet sind besonders die sogenannten Kartonmesser mit einseitig geschliffener Klinge und Holzgriff. Man lerne beim nächsten guten

Handwerker, sein Messer selbst abzuziehen. Ein schlecht schneidendes Messer hindert bei der Arbeit. Sobald man diesen Mangel bemerkt, zögere man nicht, ihn sofort zu beheben, denn untaugliches Werkzeug kann die schönste Arbeit verderben und nimmt einem die Freude am Schaffen. Die Schere darf nicht zu klein sein und soll, besonders auch an der Spitze, gut schneiden. Vom Bleistift möchte man verlangen, dass er hart genug (Nr. 3) und eine haarscharfe Linie zu ziehen fähig sei. Der Zirkel habe etwa 12 cm Schenkellänge. Beim Massstab achte man auf eine sehr genaue Skala und auf intakte Kanten. Die Winkel, einer von 45° und einer von 30°, sind vor dem Gebrauch auf ihre Genauigkeit zu prüfen, besonders wenn sie aus Holz sind. Differenzen können ausgeglichen werden, indem man die ungenauen Kanten auf einem Blatt Schleifpapier, das auf einer planen Unterlage liegt, sorgfältig abzieht.

Ohne Zweifel erleichtert ein zweckmässig geordneter Arbeitsplatz, besonders bei knappen Raumverhältnissen, die Arbeit wesentlich und begünstigt ein konzentriertes Arbeiten. Werkzeuge, das Gefäss für Leim, Pinsel und Makulaturblätter erhalten ihren Platz links und rechts der Unterlage. Diese selbst sei immer für die eigentliche Arbeit frei- und saubergehalten. Im übrigen ist die Einrichtung eines Arbeitsplatzes eine sehr persönliche Angelegenheit, und jedermann findet mit der Zeit gewiss die für ihn günstigste Anordnung heraus. Rillen, Ritzen und Schneiden oder Arbeiten, die gute Übersicht verlangen, werden am besten stehend ausgeführt. Dazu sollte, um nicht gebückt arbeiten zu müssen, die Tischfläche entsprechend erhöht werden, was mit Hilfe eines Reissbrettes geschehen kann.

Ein guter Arbeitsplatz verlangt auch gutes Licht. Man benütze, wenn immer möglich, Tageslicht, in welchem die Plastik der Gegenstände am klarsten hervortritt. Ist Kunstlicht notwendig, leistet eine bewegliche Tischlampe und zusätzlich eventuell eine allgemeine Beleuchtung durch Glühlampe an der Decke den besten Dienst. Zwei gleich starke Lichtquellen werfen doppelte Schatten und verunklären dadurch die Formen. Unbrauchbar erweist sich für unseren Zweck diffuses Licht, wie es Fluoreszenzröhren ausstrahlen. Es verwischt die Schatten oder lässt sie überhaupt verschwinden. Unter derartigen Bedingungen ist das Arbeiten beschwerlich und vor allem reizlos, denn es besteht das wesentliche Erfordernis, dass wir unmittelbar verfolgen können, was unser Werkzeug und unsere Hände tun.

Bei den folgenden Übungen liegt der Akzent auf dem Handwerklichen. Die Reihenfolge muss nicht unbedingt eingehalten werden, unter Umständen könnten z. B. die «destruktiven» Techniken am Anfang stehen.

Es lohnt sich, diese Etüden mit Hingabe und Intensität durchzuarbeiten, denn Beweglichkeit im Kreativen erfordert eine entsprechende Beweglichkeit im Manuellen. Fehlt diese, so bleibt man unfrei und gehemmt, unfähig, eine Idee befriedigend zu realisieren.

Einseitiges, stures Training der manuellen Techniken andrerseits wäre unsinnig und schädlich, weil es die Aufmerksamkeit einschläfert und die spontane Kreativität zurückdrängt.

BIEGEN UND ROLLEN

Die eine Hand hält den Massstab, während die andere das Papier, ohne innezuhalten, unter seiner Kante durchzieht. Umgekehrt kann der Massstab selber bewegt, das Papier nur hochgezogen werden. Abnehmender oder zunehmender Druck, wechselseitiges Durchziehen ergibt Spiral- respektive Wellenformen. Man mache Versuche mit allen möglichen Formaten, auch länglichen Dreiecken, schmalen und schmälsten Streifen.

Die Abbildungen zeigen, dass die Formen an sich, auch ohne dass sie etwas Besonderes darstellen, einen starken Reiz haben.

39
Gebogene und runde Formen. Die Kanten des wellenartig geformten Blattes werden vor dem Runden geritzt. Schräges Durchziehen eines Streifens unter dem Massstab ergibt Bewegungen in Spiral- und Schraubenlinien.

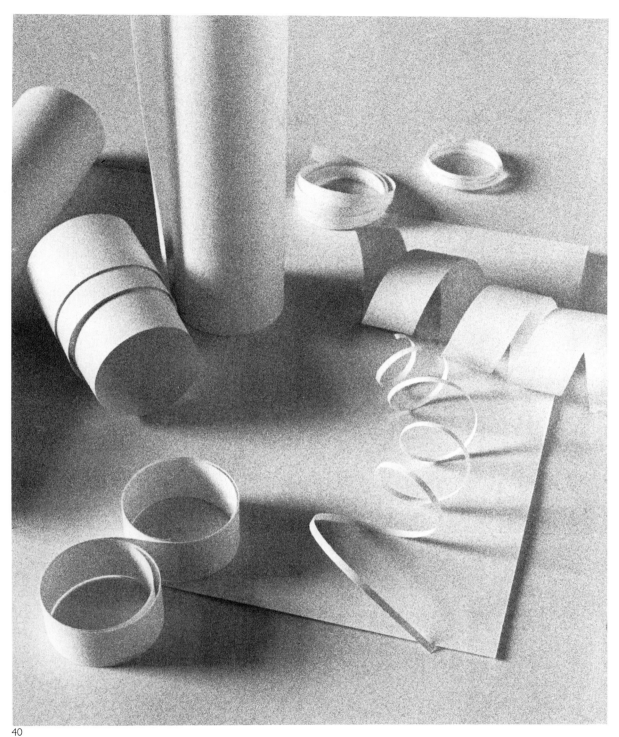

40
Federn, Spiralen, Röhren, s-förmig gerollte Streifen: Sie entstehen auf einfachste Art durch Ziehen über die Tischkante oder Durchziehen unter Massstab, Winkel, Lineal.

FALTEN

Ein in der Mitte gefalteter Bogen ist etwas, das wir oft sehen, aber kaum je bewusst ins Auge fassen. Eigentlich haben wir ein Relief vor uns, von dessen Mittelsenkrechten zwei schwingende Bewegungen ausgehen, die sich durch Licht- und Schattenverläufe verdeutlichen.

Der Kreuzbruch ist eine Art des Faltens, bei der jeder Bruch senkrecht zum vorhergehenden erfolgt. In der Buchbinderei werden die Druckbogen meistens mit der Falzmaschine, seltener von Hand, auf diese Weise zu sogenannten Lagen gefalzt. Man spricht von Zwei-, Dreibruch, je nach Anzahl der Fälze. Der zweimal gefaltete Bogen zeigt durch die scharfe Betonung der Vertikalen und Horizontalen eine betonte Strenge. Beim Drei- oder Vierbruch zeigen sich,

41
42

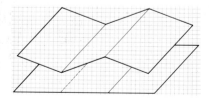

Ausgezogene Linie:
Falten nach der Rückseite (vorspringende Kanten).
Gestrichelte Linie:
Falten nach der Vorderseite (einspringende Kanten).

je nach der Art des Papiers, Quetschfalten, die Blätter werden immer belebter und weniger straff. Zuletzt, wo ein Weiterfalten nicht mehr möglich ist, haben wir ein Relief von sich vor- und zurückwerfenden Partien, das im Ganzen kaum mehr den Eindruck des Regelmässigen macht, jedoch sehr reizvoll ist.

Das letzte Bild zeigt ein zerknülltes und wieder flachgestrichenes Papier. In der verwirrenden Struktur von kleinen und kleinsten Fältchen finden wir immer noch geometrische Gesetzmässigkeit.

43
44
45
46

RILLEN UND RITZEN

Erstens rillt man, um das Material in den Faltlinien zu schwächen, damit es sich leichter und genauer umbiegen lässt. Zweitens brauchen wir das Rillen unabhängig von jeglichem Zweck als Gestaltungsmittel. Zum Rillen von Hand wird das Falzbein gebraucht. Es wird so gefasst, dass der Zeigefinger auf seiner oberen Kante liegt und den Hauptdruck ausübt, während sich der Daumen von links, der Mittelfinger von rechts ans Falzbein anlegen. Bei feinen Arbeiten, die wenig Druck erfordern, wird das Falzbein ungefähr wie der Bleistift beim Schreiben geführt. Die Rillrichtung verläuft nicht quer zum Arbeitenden, sondern geht auf ihn zu.

Geritzt wird, wenn das Material zu dick oder spröd ist, um durch Rillen eine bruchlose, präzise Faltung zu erreichen. Oft auch wird es aus mehr ästhetischen Gründen dem Rillen vorgezogen. Man sei sich bewusst, dass die geritzte Kante geschwächt ist, weil ja zwei Drittel bis drei Viertel der Materialdicke durchschnitten sind.

47

48

Auf Vorder- und Rückseite wechselweise parallel gerilltes Blatt. Es erhält durch diese Bearbeitung eine Versteifung in der Rillrichtung. 47.

Beispiel, das zeigt, wie geritzte Kanten beschaffen sind und wie sie geklebt werden. 48.

49

50

S-förmige Bewegung eines Blattes, einzig durch zonenweises paralleles Rillen auf der Vorder- und Rückseite erzielt.

Drei Methoden des Rillens
a Das Falzbein wird mit mehr oder weniger Druck über das Blatt geführt.
Nötig ist eine weiche Unterlage aus Holzkarton, grauem Maschinenkarton oder Löschpapier.
b Anstelle einer eigentlichen Rille entsteht eine Art Stufe, da die Unterlage linksseitig der Rill-Linie durch eine Kartonauflage erhöht ist. Das Papier wird vom schräg geführten Falzbein in die Kante gepresst, während es knapp links von ihr mit angepresstem Massstab festgehalten wird.
c Zwei Kartons, wenig voneinander abgesetzt, bilden, mit der Unterlage zusammen, eine Nute. Das Blatt wird mit dem stumpfen Ende oder der geschweiften Kante des Falzbeins hineingearbeitet, während es daneben wiederum mit dem Massstab festgehalten wird.

SCHNEIDEN

Die Schnittlinie, der Weg des Messers beim Schneiden, liegt nicht quer zum Arbeitenden, sondern kommt auf ihn zu. Man schneidet am freiesten und also sichersten stehend. Bei sehr dünnem Papier, wie Seidenpapier, wird die Klinge «geschleppt», d.h. man zieht das Messer relativ flach nach, man hält es dabei wie das Falzbein. Je dicker das Material, desto steiler wird es geführt. Bei 2–4 mm starkem Karton wird es annähernd senkrecht gehalten, der Griff wird dann von der Faust umschlossen.

Bei Kartons, die von Hand keinesfalls in einem Zug durchgeschnitten werden können, macht man als erstes einen sogenannten Führungsschnitt, einen leichteren Zug mit dem Messer, der für die weiteren Schnitte als Führung dient.

Sicheres Schneiden verlangt viel Übung. Man verfolge während des Schneidens trotzdem nicht krampfhaft Handhaltung und Messerspitze, wie auch der Anfänger auf dem Fahrrad nicht auf die Lenkstange blicken soll, sondern in der Fahrtrichtung.

51
Von einer Seite her parallel und eng eingeschnittenes Blatt.

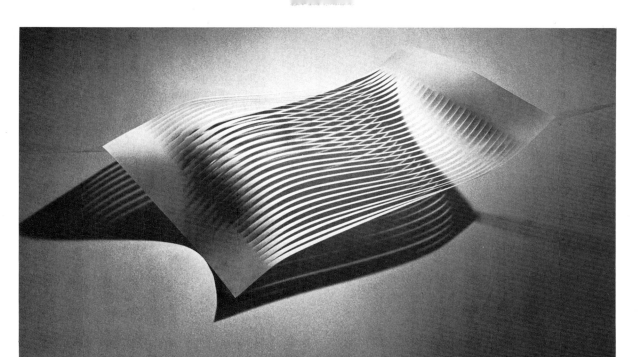

52

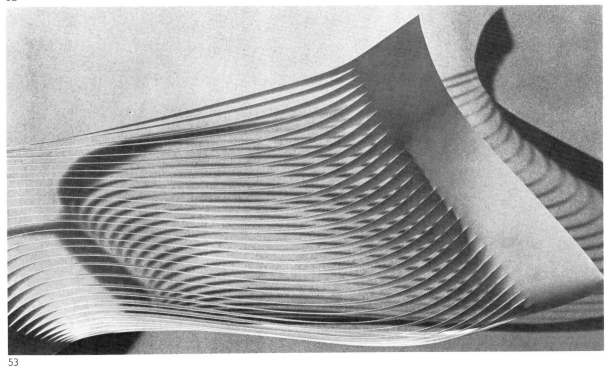

53
Das parallel eingeschnittene rechteckige Blatt lässt sich in einer Art und Weise verformen, wie es das intakte nicht erlauben würde.

VERSCHLINGEN UND FLECHTEN

Ein Bündel gleich breiter, sauber geschnittener Papierstreifen kann dazu verleiten, allerhand Verschlingungen und Knoten zu versuchen. Es sind anspruchslose, aber anregende Spielereien, die da und dort zu ausgeführteren Gebilden überleiten.

Wo das Verschlingen aufhört, das Verflechten anfängt, ist oft schwer zu sagen, eine Arbeit führt zur anderen ohne besondere Planmässigkeit – jedoch nie ohne aufmerksames Mitgehen des Empfindens.

Übungen dieser Art sind nicht nur für Kinder, sondern auch für Erwachsene geeignet als notwendige oder willkommene Auflockerung zwischen anspruchsvolleren Arbeiten.

Wie schon oben angedeutet wurde, sind diese Arbeiten in einem gewissen Sinn sicher anspruchslos zu nennen. Ob sie aber trotzdem zu interessieren, zu erfreuen oder gar zu fesseln vermögen, hängt davon ab, ob man es fertigbringt, etwas völlig neu zu sehen, lebhaft aufzufassen, ursprünglich und einfach zu empfinden. Nicht im entferntesten will damit einer erkünstelten Naivität Vorschub geleistet werden. Jedoch den wirklichen Wert einer Sache, ihr Eigentliches zu erkennen, das ja meistens unter einer gewohnheitsmässigen, konventionellen Betrachtungsweise unentdeckt bleibt, das hat wohl seinen Sinn.

54

55

56

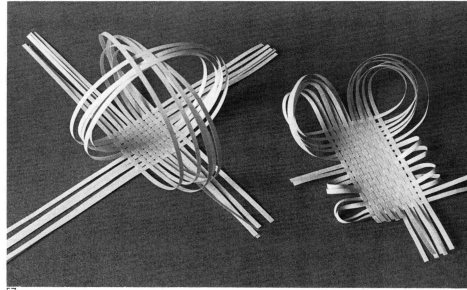
57

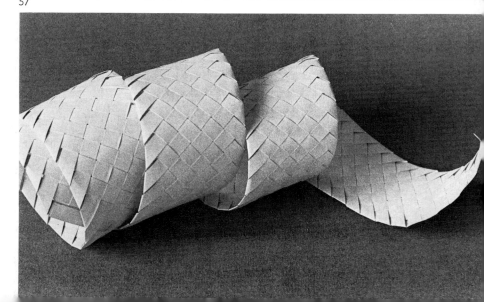

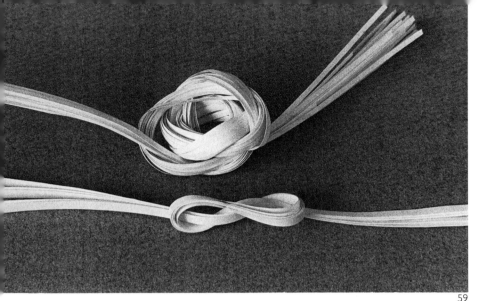

59

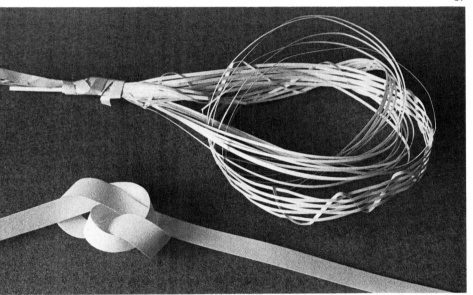

60

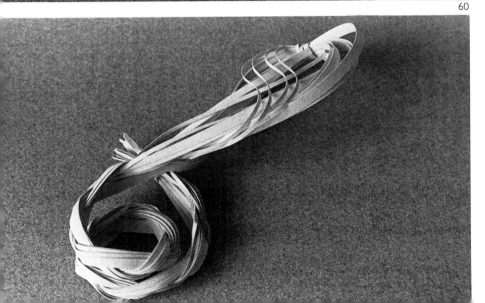

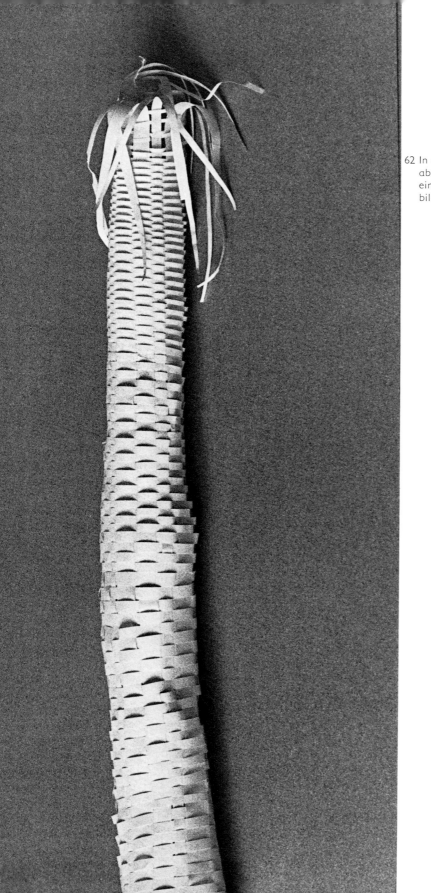

62 In der Breite nach oben abnehmende Streifen zu einem pflanzenhaften Gebilde verflochten.

KLEBEN

Die in diesem Buch vorkommenden Figuren sind so beschaffen, dass ein Kleben von grösseren Flächen wegfällt. Es kommen hauptsächlich Kantenverbindungen vor, welche streifenweise geklebt werden. Die Verbindung mittels einfachem Falz wird mit einem rasch anziehenden Klebstoff ohne Wassergehalt (Klebstoff auf Lösungsmittelbasis, sog. Universalkleber) hergestellt. Er wird punkt- oder streifenweise direkt mit der Tube aufgetragen. Bei Figuren mit einer Kartonstärke von mindestens 220 gm² kann auch weisse Kunstharzdispersion Anwendung finden, wenn sie sehr sparsam und gleichmässig in Streifen von ungefähr 3 mm und zuäusserst an der geritzten oder gerillten Kante aufgetragen wird. Man benützt hiefür 2 bis 3 cm breite Flachpinsel (sog. Bäckerpinsel). Zu dick aufgetragen, bewirkt sie ein Wellen des Materials infolge Feuchtigkeitsaufnahme. Für Doppelfälze eignet sie sich ausgesprochen gut, da ein leichtes Verwellen der frei nach innen stehenden Fälze sich nicht auf die Aussenfläche auswirkt. Für unsere Arbeiten nicht zu empfehlen sind Rubberleime, weil sie mit der Zeit an Klebkraft verlieren und das Papier verfärben. Diese sind eher für provisorische Klebungen, wie sie etwa für Ausstellungen nötig sind, geeignet. Ebenso kommen Buchbinder- und Zellulosekleister für unseren Fall nicht in Frage, da sie zu viel Wasser enthalten.

Allgemein wird beim Kleben mit Überlegung, rasch, aber nicht hastig gehandelt. Der Leim darf an Kanten und Rändern nicht vorquellen, überhaupt nirgends sichtbare Spuren hinterlassen. Grosse Sorgfalt ist vonnöten, denn bald ist eine sonst saubere Arbeit verdorben.

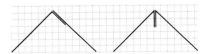

Kleben einer Kante mit einfachem Falz.
Kleben einer Kante mit Doppelfalz.

ZERKNÜLLEN
REISSEN
STECHEN
SCHLAGEN

Das extreme Beanspruchen eines Werkstoffes bis zu seiner Zerstörung kann Einblick in seine innere Struktur gewähren, der auf andere Art vielleicht nicht zu erreichen ist. Wer nie eine Scheibe zerbrochen oder wenigstens Scherben gesehen hätte, wüsste wenig vom Material Glas.

    Durch die Bearbeitung von Papier und Karton mit Hammer, Feile, Nadel, Nagel, Schleifpapier, Wasser usw. entstehen neue, anregende Strukturen und Formen. Wenn dieses Spiel nicht einfach zu einem hemmungslosen, unkontrollierbaren Wüten ausartet, kann eine befreiende Wirkung von ihm ausgehen. Auf jeden Fall aber muss es als Ergänzung und im Zusammenhang mit den anderen Bearbeitungsarten gesehen werden. Vor Überschätzung soll man sich hüten.

63
Unzählige Male übersehen: den Reiz zerknüllten Papiers.

Jedes Werkzeug kann hier recht sein, einschliesslich sein völlig unsachgemässer Gebrauch. Man versuche frischweg alles, was einem in den Sinn kommt, nur bewahre man, wenigstens im Hintergrund noch, eine gewisse Subtilität.

Die so bearbeiteten Blätter oder Gegenstände betrachte man nicht als Kunstwerke. Es können trotzdem diejenigen, die Interesse verdienen, für einige Zeit zur Anregung aufbewahrt werden.

Unter Umständen wird sich das Bedürfnis einstellen, die Spuren der Instrumente, z. B. Nagel- und Nadellöcher, nach dekorativen Gesichtspunkten zu ordnen und ins Ornamentale zu führen, verschiedene Strukturen in einen Zusammenhang zu stellen. Dies verlangt Talent fürs Dekorative und, will man nicht rasch ins Kitschige abgleiten, ein weitgehendes Beherrschen der formalen Mittel.

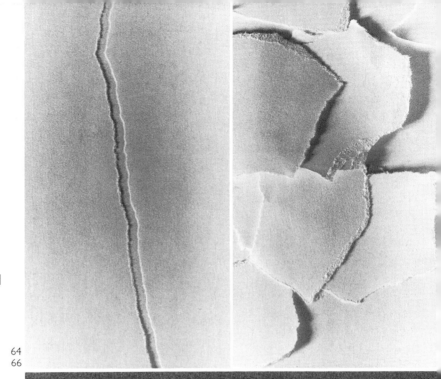

64
66

65
Entzweigerissenes Papier, die beiden Teile parallel auseinandergezogen. 64.

Kontrolliertes Reissen. Deutlich wird der Gegensatz zwischen fransigen gerissenen und harten geschnittenen Kanten. 65.

Gerissene Papierflocken. 66.

67
68

69
Kartonstück zerhackt und verbogen.
　Von Vorder- und Rückseite her durchgestossene Nagellöcher.
　Zerknittertes und angeschliffenes dünnes Papier.

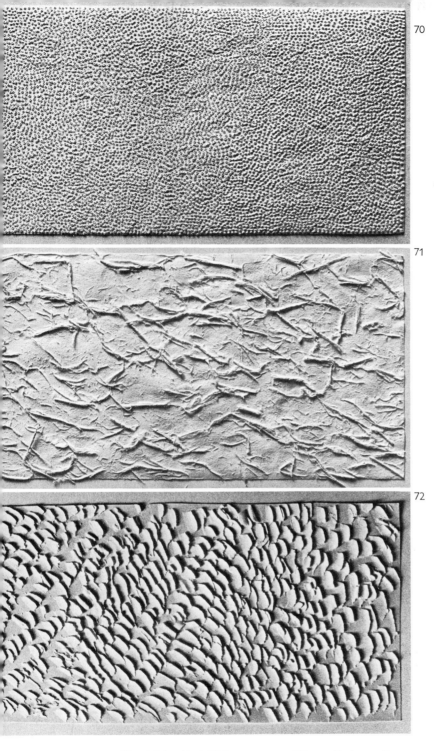

70

71

72

Durch feine Nadellöcher strukturiertes Blättchen. Das Gewimmel der Einstiche hält sich zwischen Ordnung und Unordnung.
 In feuchtem Zustand von Hand geribbeltes Papier.

Dünner Karton, mit scharfem Messer flach unterschnitten. Struktur zwischen Schuppen und Gefieder.

VON DER FLÄCHE ZUM RAUM

Flächenteilungen
‹Passepartouts›
Rhythmische Studien mit Quadraten
Reliefs und Körper aus Streifen
Dreidimensionale Figuren aus dem Quadrat
Rillblätter
Regelmässige Faltungen
Entwicklung eines Faltschemas
Halbregelmässige Faltungen

FLÄCHENTEILUNGEN

Für diese Aufgabe, bei der es sich um extrem flache Reliefs handelt, verwenden wir 24 × 24 cm grosse Blätter eines 300–570 gm² schweren weissen Kartons.

Ein solches Blatt wird nach einfachen geometrischen Grundsätzen eingeteilt und zerschnitten. Die so entstandenen Teile werden, eventuell unter Weglassung oder Verdoppelung einzelner Stücke, neu zusammengestellt und auf einer Unterlage aufgeklebt.

Das spielende Kombinieren mit den Teilstücken bildet den wichtigsten Abschnitt der Aufgabe. Das Augenmerk richtet sich ganz auf die Verhältnisse zwischen den vorstehenden und zurückversetzten Ebenen innerhalb des Quadratfeldes. Während des Experimentierens vergesse man nie, dass es sich um eine räumliche, nicht um eine zweidimensionale Arbeit handelt. Wir arbeiten ja mit Kartonschichten einer bestimmten Dicke, deren Körperhaftigkeit sich unter anderem durch belichtete und beschattete Kanten darstellt. Die Formen können abgetastet werden, und auch ein Blinder wäre imstande, die Reliefs zu «lesen», während eine grafische Darstellung derselben Flächenverhältnisse für ihn nicht erfassbar wäre.

Innerhalb der Grenzen, die durch die geometrischen Grundformen gesetzt sind, geht es darum, die in einem bestimmten Fall ausgewogenste und zugleich spannungsreichste Situation zu finden. Eine gewisse Harmonie der Formen ist durch die streng geometrischen Proportionen immer schon gegeben.

Die plastische Wirkung des Reliefs wird noch beeinflusst durch Dicke und Ausdehnung der Grundplatte, auf die es geklebt wird. Man suche nach einem richtigen und angenehmen Verhältnis zwischen Relief und «Fundament», es kann entscheidend sein.

Handwerklich-technisch bietet diese Aufgabe keine wesentlich neuen Schwierigkeiten, höchstens dass das Schneiden des dicken Kartons weniger kräftigen und geübten Händen anfänglich Mühe macht. Wenn immer möglich, zerteile man den Karton in einem Zug. Leicht aufstehende Rändchen beiderseits des Schnittes werden mit dem Fingernagel oder mit dem Falzbein geglättet.

Geklebt werden diese Reliefs entweder punktweise oder mit einem «Faden» Klebstoff den Kanten entlang. Nie darf der Klebstoff an den Kanten hervorquellen.

74
Flaches Relief durch Teilen und Umklappen in geometrischen Verhältnissen: mittleres senkrechtes Drittel des Quadrates rechts durchschneiden, links ritzen und umklappen; mittleres Quadrat des umgeschlagenen Teils unten und rechts durchschneiden, oben ritzen und dann umklappen, sein mittleres Drittel links und unten durchschneiden, rechts ritzen und nach rechts umklappen. Die beweglichen Teile werden mit wenigen Tupfen Klebstoff fixiert, das Ganze auf eine etwa 4 mm dicke quadratische, mit leichtem Bristolkarton gedeckte Unterlage montiert. Man frage sich, was für andere Lösungen bei gleichbleibendem Grundriss zu finden wären.

Gestuftes Relief
Komposition mit zwölf Dreiecken. Wirksame Negativformen: zwei senkrechte durchgehende, sechs schräge Balken.

75

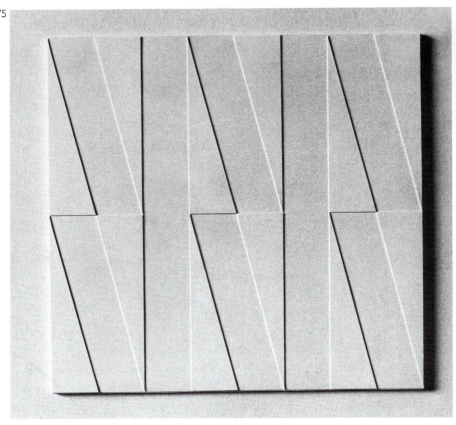

Vierstufiges Relief
mit vier grossen und vier kleinen rechtwinkligen Dreiecken, im Zentrum ein negatives Quadrat einschliessend.

76

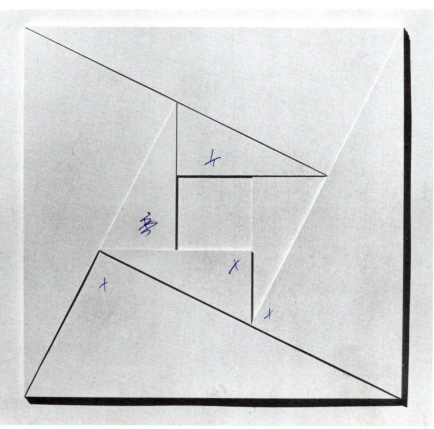

77 Einstufiges Relief

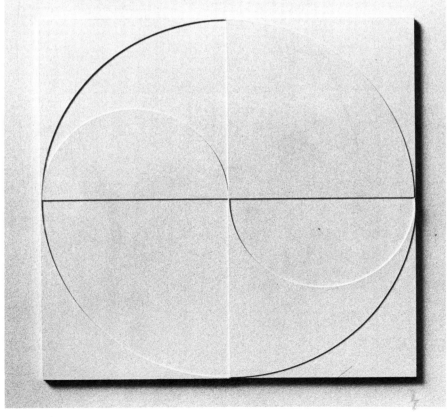

78 Zweistufiges Relief
Kreis und Halbkreise im Quadrat mit betontem Achsenkreuz. Die Arbeit besteht, wie die erste, aus einem einzigen quadratischen Stück Karton, wenn von der Unterlage abgesehen wird. Vorgang: Ausschneiden des grossen Halbkreises links, Ritzen der senkrechten Mittelhalbierenden von rückwärts, Umschlagen der Halbkreisfläche nach rechts. Herausschneiden des kleineren Halbkreises rechts und Aufsetzen der herausgeschnittenen Form im linken grossen Halbkreis. Kreisende Bewegung und Stillstand.

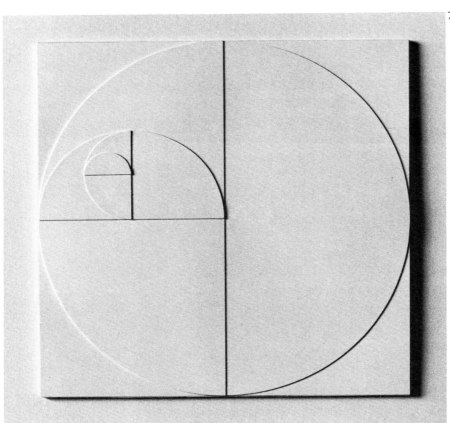

79 Fünfstufiges Relief mit Kreis- und Halbkreisflächen in einem Quadrat.

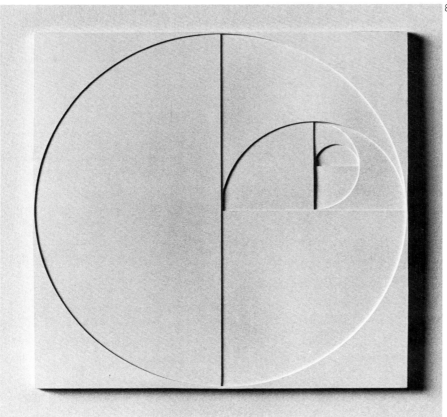

80 Quadratisches Relief aus fünf Schichten mit kreis- und halbkreisförmigen Ausschnitten. Dasselbe wie oben, jedoch negativ, also doch nicht dasselbe! Die beiden Arbeiten gleichen sich sowenig wie eine vorstehende Halbkugel einer nach innen stehenden, wie ein Buckel einer gleichgrossen Höhlung. Was das abstrakte, begriffliche, «flache» Denken verwischt, soll unser Formgefühl mit aller Eindeutigkeit wahrnehmen.

›PASSEPARTOUTS‹

Mit der vorhergehenden eng verwandt ist die folgende, durch einen leeren Passepartout angeregte Aufgabe. Statt aufgesetzt wird hier herausgeschnitten.

Passepartout nennt man einen Karton mit meistens rechteckigem Ausschnitt und dazugehöriger Kartonrückwand, zwischen welche Zeichnungen, Aquarelle, Druckgrafik gelegt werden.

Denkt man sich einen solchen Passepartout leer, so bildet er ein einstufiges, extrem flaches Relief. Es kann einem einfallen, in dem tiefer gelegenen Feld ein zweites, kleineres Rechteck auszuschneiden und das Relief so um eine Stufe zu vertiefen. Viel wird davon abhängen, welchen Platz und welche Grösse dieser neue Ausschnitt im Verhältnis zum ersten Ausschnitt und somit auch zur ganzen Arbeit einnimmt. Man könnte nun in neu unterlegte Kartonblätter weitere Rechtecke ausschneiden, jedesmal kleinere, nur in den Seitenverhältnissen übereinstimmende.

Bei einer anderen Arbeit werden die «Fenster» vielleicht kreisrund oder abgerundet sein, statt scharf geschnitten gerissen, vielleicht wird beides in ein und derselben Arbeit gegeneinander in Kontrast gesetzt. Und warum nicht zwei oder neun oder fünfundzwanzig «Fenster» rasterartig nebeneinander ausschneiden?

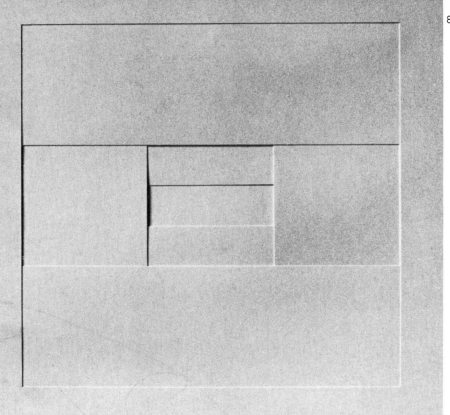

81 Fünfschichtiger Passepartout mit Quadraten und Rechtecken aus 140 gm² starkem Karton.

82 Man muss die Kanten dieses fünfstufigen Passepartouts genau verfolgen, um sich über den Aufbau der Arbeit klar zu werden. Die relativ geringen, die Symmetrie störenden Unregelmässigkeiten erhöhen die Lebendigkeit des Bildes.

Diese Figur, aus nach innen 83
progressiv kleiner werdenden und sich abdrehenden
Quadraten, kann auch als
vier nebeneinander in die
Tiefe führende Wendel-
treppen gesehen werden.

Variante der vorhergehen- 84
den Arbeit. Veränderte
Progressionen. Die vier
ineinandergreifenden For-
men rufen die Illusion der
Tiefe hervor.

85 Blickführung durch die kulissenhaften Rahmen in die «Tiefe». Die Arbeit scheint sich mit der nüchternen Feststellung ihrer Verhältnisse nicht zufriedenzugeben, sondern ruft Vorstellungen wie die eines Ausblicks durch Fenster auf dunkle Hügel hervor.

86 Wie schon die vorangehende Arbeit ist auch die nebenstehende von einer streng geometrischen Lösung abgerückt. Vielleicht denkt man hier an sich diagonal vorschiebende Landzungen.

RHYTHMISCHE STUDIEN MIT QUADRATEN

Aus etwa halbmillimeterstarkem weissem Karton schneiden wir siebenmal sieben, also neunundvierzig genau gleich grosse Quadrate von 3–4 cm Seitenlänge. Wir belegen mit ihnen auf einer grösseren rechteckigen Unterlage von gleichem Karton ein ebenfalls quadratisches Feld, ohne Zwischenräume zu lassen. Fragen wir uns dabei, ob das Quadratfeld und die Unterlage in einer guten Proportion zueinander stehen.

Nun versuchen wir, dieses Feld in Bewegung zu bringen, indem wir Zwischenräume schaffen und diese regelmässig verändern, zudem durch Schiefstellung der Quadrate.

Nutzen wir den Vorteil, den die plastische Lösung der grafischen gegenüber bietet, dass wir die Elemente verschieben, jeden Einfall sofort erproben und beurteilen können.

Nun kommt die Frage des Vorgehens. Es zeigen sich alsbald soviele Lösungen an, dass wir leicht verwirrt werden. Die Aufgabe scheint sich deshalb besonders für eine mehr oder weniger systematische Bearbeitung zu eignen.

Teilen wir also vorerst die sich andeutenden Möglichkeiten in folgende Gruppen ein:

Gleichmässiges Auseinanderziehen der anfänglich geschlossenen Gruppe der neunundvierzig Quadrate in waagrechter und senkrechter Richtung. Die Elemente vereinzeln sich zunehmend.

Unter Beibehaltung eines bestimmten waagrechten Abstandes Variieren der Zwischenräume in senkrechter Richtung. Dasselbe umgekehrt.

Rhythmisieren auf alle möglichen Arten unter Festhalten an der Beziehung senkrecht/waagrecht.

Zunehmende Häufung der Elemente zur Mitte hin – zu den Rändern, zu zwei gegenüberliegenden Ecken hin. Die Quadrate drängen sich zeilenweise abwechselnd nach links und rechts, nach oben und unten.

Rhythmische Gliederung wie am Anfang, jedoch unter mehr oder weniger starker Schrägstellung der Quadrate.

Die Elemente sind in verschiedenen Winkeln progressiv abgedreht, es bilden sich Überschlagungen oder Wirbel.

Die Quadrate überlagern sich wie Dachziegel oder Schindeln.

Ein Teil des Quadrates wird nach oben geknickt. Drei grundsätzlich verschiedene Lösungen zeigen die Abbildungen auf den zwei letzten Seiten des Kapitels.

Anstatt die Quadrate aufzukleben, kann man aus der Unterlage auch bloss die Teilflächen ausschneiden und hochstellen. Zuletzt kehre man die Arbeit um und betrachte sie von der Rückseite. Sie ist so nicht weniger interessant, durch eine kleine «Wendung» entstehen neue Aspekte.

Die zwei letztgenannten Lösungen können eine Art Schachtel als Unterbau verlangen. Es ist eine Aufgabe für sich, diese in den Proportionen so zu bauen, dass die Arbeit voll zur Wirkung kommt.

Bei den abgebildeten Arbeiten bewegen sich immer die ganzen Felder einheitlich, es herrscht Harmonie, Übereinstimmung. Es lässt sich aber auch denken, dass die Regelmässigkeit durch die Veränderung nur einzelner Quadrate oder Quadratgruppen gestört wird.

Das geordnete Vorgehen soll die einzelnen Arbeiten nicht zu Illustrationen eines Systems degradieren, dieses soll lediglich ein Hilfsmittel bleiben. Jede der in Angriff genommenen Lösungen erfordert unsere ganze Anteilnahme, und wir lassen, innerhalb der gegebenen Grenzen, unseren Einfällen freien Lauf. Gerade diese Aufgabe führt zur Erfahrung, dass systematisches Vorgehen, richtig angewendet, eine Quelle von Anregungen sein kann.

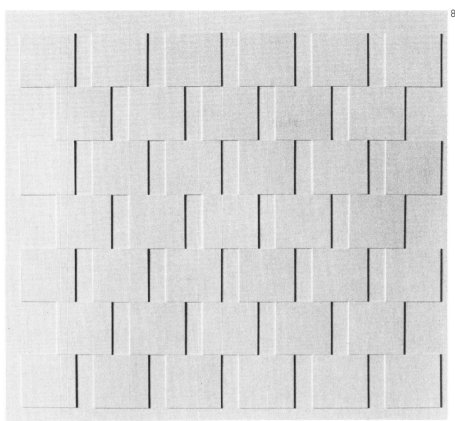

87 Aus Quadraten bestehender Block, regelmässig horizontal auseinandergezogen, Betonung der Waagrechten und Senkrechten. Eine der unendlich vielen möglichen Phasen der Bewegung. Die jeweilige Breite der negativen Rechtecke bestimmt durch ihr Verhältnis zu den Quadraten den Charakter des Ganzen.

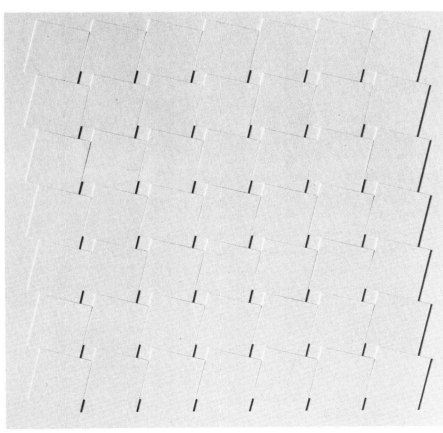

88 Leichte Schrägstellung der Elemente. Aus dem jetzt gezahnten Block sind kleine massgebende Quadrate «ausgestanzt». Eine der unzähligen Phasen, die der Komplex bei zunehmendem Schrägstellen der Elemente durchläuft. Der vorläufige Endpunkt der Bewegung läge bei einer Neigung von 45°, die Situation wäre symmetrisch. Man stelle sich den Vorgang kontinuierlich vor, die Elemente gleichmässig und langsam rotierend.

Ähnliche Situation wie die vorangehende, nur dass hier die Quadrate voneinander abgesetzt sind. Beginnende Auflockerung.

89

Würde in der vorhergehenden Arbeit (90) jede zweite waagrechte Zeile umgekehrt oder um Quadratbreite verschoben, ergäbe sich die untenstehende Situation (91), in der die schlitzartigen negativen Rhomben das Feld beherrschen. Sie hat auch etwas von einem gespaltenen Block.

91

90
Reihenweises abwechselndes Abdrehen nach links und rechts. Ein leichter Wellenrhythmus bewegt das Feld der Quadrate.

92
Die schmalen Rhomben haben sich verbreitert und nähern sich der Quadratform.

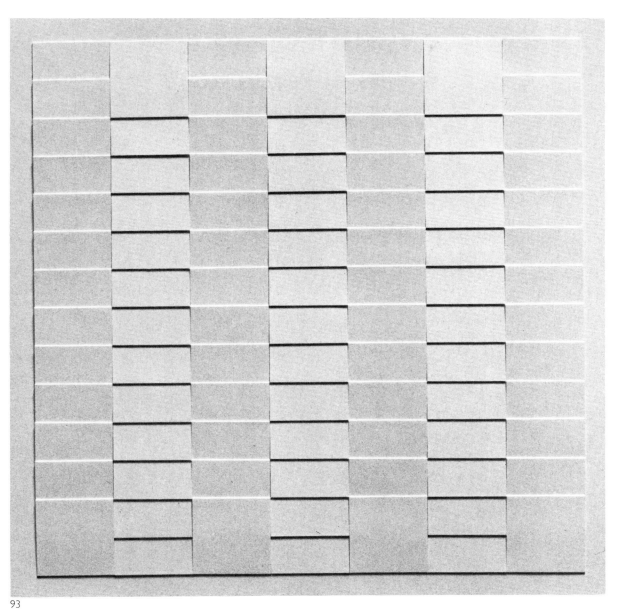

93
Die quadratischen Plättchen überlagern sich wie Ziegel auf dem Dach, jedoch zeilenweise gegenläufig.

Verstärkte räumliche Wirkung durch entschiedenes Aufrichten der Flächen. Jedes Element wurde diagonal gerillt und geknickt. Die Dreieckflächen sind von links unten nach rechts oben in Diagonalrichtung zunehmend steiler angehoben.

94

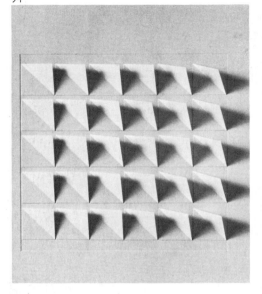

96

95

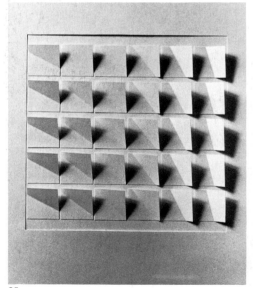

Fortschreitende Richtungsänderung der Knicke von Quadratreihe zu Quadratreihe. Die Anstellwinkel bleiben sich gleich.

97

Die aufzustellenden Teilquadrate werden direkt aus der Deckfläche des Schachtelkörpers ausgeschnitten.
Während die aufgesetzten, geknickten Quadrate ihre Eigenständigkeit der Unterlage gegenüber bewahren und wie appliziert erscheinen, bleiben die direkt aus dem Unterbau herausgearbei-

98
Von der Mitte her zunehmendes Schrägstellen der Elemente. Der Anstellwinkel ergibt sich durch die Höhe der abgeknickten, auf der Unterlage abgestützten Dreiecke.

RELIEFS UND KÖRPER AUS STREIFEN

Die folgenden Versuche sind eine Weiterführung der Arbeit, die wir im Kapitel «Schneiden» begonnen haben.

Während die manuelle Ausführung dort äusserste Sorgfalt und Exaktheit verlangt, liegt der Nachdruck jetzt mehr auf dem schöpferischen Probieren.

Die ersten zwei noch entschieden reliefartigen Arbeiten gehen auf quadratische Blätter zurück, die in gleiche Streifen geschnitten wurden. Während bei der oberen jeder Streifen sich einmal überschlägt, sind bei der unteren die Bänder einzeln um 180° verdreht und an den Enden auf die ebenfalls quadratische, etwa 5 mm dicke Unterlage geklebt. Bei den nächsten Arbeiten wird ein Blatt von den Massen 30 x 40 cm in gleichmässigen Abständen parallel geschlitzt, bis ungefähr 3 cm an die beiden Ränder heran, welche quer zu den Schnitten liegen. Man vergesse übrigens nicht, auf die Laufrichtung zu achten. Durch Verwinden, Einrollen, Ziehen, Zusammenstossen wird das so bearbeitete Blatt «in Schwingung» versetzt. Alle möglichen Bewegungen sollen versucht werden, von sehr schwachen, noch kaum wahrnehmbaren, bis zu stärksten, die das Gebilde dynamisch rhythmisieren.

Während dieser Versuche beobachte man, wie sich die Streifen aufwerfen, bündeln und voneinander Abstand nehmen, wie einzelne Partien andere überlagern und so fort. Man lasse sich nicht zu sehr von der Eleganz einer einzelnen Situation verführen. Immer geht es um ein Vergleichen von Formen, um Messen und Abwägen, ohne aber dabei das Ganze aus den Augen zu verlieren. Von den verschiedenen Phasen, die bis jetzt versuchsweise herausgefunden wurden, ohne sie jedoch zu fixieren, sollen die besten nun ausgeführt werden. Auf einer genügend stabilen Unterlage wird das zuvor verformte Schnittblatt mit wenigen Tupfen Klebstoff in der gewünschten Lage festgehalten. Als Grundplatte kann eine selbstgefertigte extrem flache Schachtel aus weissem Karton dienen. Die Unterlage sei von der gleichen Farbe wie die Arbeit selbst. Eine stark farbige oder schwarze Unterlage würde die feinen Schattierungen und Tonnuancen des Streifengebildes aufheben.

Auch der Grösse und Dicke der Grundplatte ist die nötige Aufmerksamkeit zu schenken, denn der Ausdruck der Arbeit wird davon mitbestimmt. Über flache, dann höhere Reliefs kann man schliesslich zu geschlossenen körperhaften Gebilden von grosser Feinheit und überraschender Formung gelangen. Versuche mit kleineren oder grösseren Abständen zwischen den Schnitten, mit anderen Blattproportionen, geschmeidigeren oder steiferen Papieren sollten ebenfalls unternommen werden.

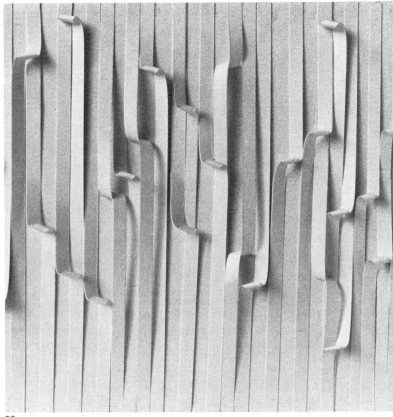

99

100

Quadratisches Blatt in gleiche Streifen geschnitten, jeder einmal überschlagen und an beiden Enden auf einer etwa 4 mm dicken, weiss überzogenen Unterlage aufgeklebt. So entsteht die durch Knoten, eigentlich Röllchen, unterbrochene Längsstruktur. 99.

Quadratisches Blatt in gleiche Streifen geschnitten, jeder einmal um 180° verdreht, an den Enden auf quadratischer Unterlage von gleicher Färbung leicht befestigt. Die reiche Skala von Grautönen in Eigenschatten, Schlagschatten und Reflexen wird bei langsamem Drehen besonders deutlich. 100.

Rechteckiges Schnittblatt, die zwei senkrechten Kanten parallel zueinander verschoben und auf quadratischer Grundplatte fixiert. S-förmige Schwingung und Aufwölbung gleichlaufender Streifen. 101.

Rechteckiges Blatt, zu einem Drittel der Länge nach eingeschnitten. Seine doppelte Krümmung verursacht ein Ausweichen und Sichbündeln der Streifen. Kontrast und Harmonie zwischen geschlossener und geschnittener Partie. 102.

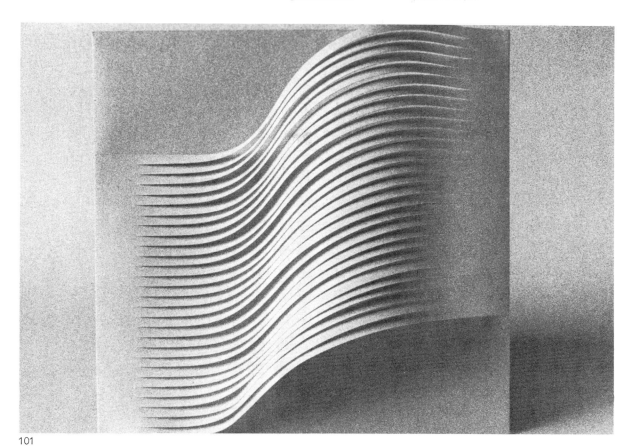

101

102

103

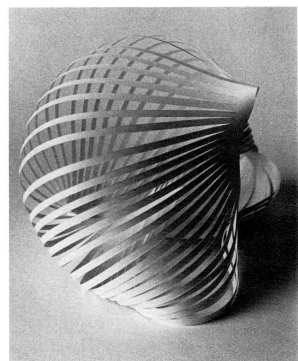

106

107

104

105

108

Rechteckige Schnittblätter, zu mehr oder weniger geschlossenen körperhaften Gebilden gebogen.

Geschlossen wirkendes, an Körperformen gemahnendes Relief aus rechteckigem Schnittblatt.

Die einfache Figur eines diagonal eingerollten Schnittblattes zeigt überraschende Eleganz.

DREIDIMENSIONALE FIGUREN AUS DEM QUADRAT

Ein Bogen Papier von den Massen 24 x 24 cm und einem Gewicht von etwa 150 gm² wird durch Biegen, Falten und Einschneiden in eine dreidimensionale Figur verwandelt. Die Anlage der Schnitte und Falten soll zur Ausgangsform deutlich in Beziehung stehen, somit müsste auch die fertige Figur ihre Herkunft aus dem Quadrat noch erkennen lassen.

Für die Entwurfsarbeiten kann ein kleineres Format, z. B. 15 x 15 cm, geeignet sein. Grösstmöglicher Beweglichkeit zuliebe verzichte man auf genaues Messen und Vorzeichnen, arbeite ganz «von freier Hand». Zehn, zwanzig kleine Modelle könnten so entstehen, bevor man zur Ausführung in einem grösseren Format schreitet.

Man vertiefe sich experimentierend in die Eigenart des Quadrates. Beginnen wir auch hier mit sehr einfachen, leicht überschaubaren Figuren, um erst allmählich, vielleicht unter Berücksichtigung aller möglichen Teilungslinien, zu differenzierteren Gebilden überzugehen.

Zur Einführung in diese Arbeit stellen wir das denkbar einfachste Beispiel vor uns hin: das einmal in der Mitte gefaltete quadratische Blatt. Wir können es übrigens nur vor uns hinstellen, weil der Falz ihm die nötige Stabilität verleiht. Man versuche zu sehen und sich zu erklären: die scharfe Betonung der Mittelsenkrechten, die Winkel, in welchen die beiden Hälften zueinanderstehen, die Proportionen, den Lichteinfall, durch Eigen- und Schlagschatten erkenntlich, die Art des Aufruhens auf der Unterlage und vieles andere. Man beobachte intensiv, nüchtern, einfühlsam. Sicher ist ein gefaltetes Blatt Papier noch nichts «Besonderes», aber wenn man einem so einfachen Gebilde nichts abgewinnen kann, wird man auch einen interessanteren Gegenstand niemals wirklich «sehen».

112
Relief aus quadratischem Blatt, wechselseitig verlaufend gefalzt und geklebt. Wenige, aber bestimmte Eingriffe rufen eine überzeugende räumliche Wirkung hervor.

Das quadratische Blatt in einer Diagonalrichtung geteilt, die Hälften vertauscht und an den senkrechten, nun zusammenstossenden Kanten auf die ebenfalls quadratische Unterlage geklebt. Die eingerollten Dreiecke fassen eine Hohlform ein. Zurückhaltende Betonung der Mittelsenkrechten, Schärfe und Weichheit.

113

Zackiger Ausdruck. Die beiden gefalteten Dreiecke beziehen sich nicht auf eine flächige Unterlage, sondern auf die flache Schachtel, aus der die Dreiecke ausgeschnitten wurden.

114

RILLBLÄTTER

Ohne nennenswerte Schwierigkeiten können die folgenden Arbeiten aus denen des Kapitels «Rillen» entwickelt werden. Ausnahmsweise ist zu deren Ausführung eine gewisse Routine unentbehrlich, denn nirgends so wie hier wirken die kleinsten Unregelmässigkeiten störend. Man scheue sich also nicht, die Techniken zu üben, indem immer feinere, differenziertere Muster über die Blätter ausgebreitet werden. Hernach ist man um so freier und kann sein Augenmerk ausschliesslicher auf die angestrebte formale Wirkung richten. Mit unserem Werkzeug, dem Falzbein, machen wir nicht etwas «auf» das Blatt, sondern wir verändern durch das Bearbeiten das Blatt selbst, «prägen», rhythmisieren, gliedern es, wenn auch nur durch geringfügiges, plastisches Verformen. Unsere Arbeit steht von Anfang an in engstem Verhältnis zu Blattformat und Papierqualität.

Die Möglichkeiten, die mit den im Kapitel «Rillen» erwähnten Techniken a, b und c erscheinen, sind wiederum zahllos. Es ist daher ein systematisches Vorgehen ratsam, um die Arbeit etwas übersichtlich zu gestalten. Wir könnten etwa nach dem folgenden Plan vorgehen:

Einseitiges paralleles Rillen, in extrem grossen bis extrem kleinen Abständen.

Grosse und kleine Abstände abwechselnd.

Wechselseitiges paralleles Rillen (Abbildung unter Rillen, vorn), wobei die Linien der Rückseite im ganzen schräg, in spitzem Winkel zur Rillrichtung der Vorderseite liegen. Es entstehen langgezogene Rautenformen, wie sie auf der ersten Abbildung dieser Seite zu sehen sind.

Verschiedene Lagen von Rillen können schliesslich gleichseitig oder wechselseitig übereinander gelegt werden. Man achte bloss darauf, dass sich die Rillen gegenseitig in ihrer Wirkung unterstützen und nicht aufheben. Der Winkel, in dem sie sich kreuzen, muss spitz bleiben. Je mehr er sich 90° nähert, desto schwächer wird der Effekt.

Es ist jeweils dem Einzelnen überlassen, ob er die Rillstruktur immer über das ganze Blatt ausdehnen will oder nur über einen Teil davon, indem er diesen bewusst gegen eine unbearbeitete Zone absetzt.

Keine Arbeit wie diese kann so leicht mit einem Studium der Rhythmen verbunden werden; es ist ohne Zweifel die «musikalischste» des ganzen Buches.

Zum Technischen: Es lassen sich maschinenglatte oder satinierte Papiere zwischen 50 und 150 gm² verwenden. Die Blätter können zuletzt in einer Mappe zusammengefasst werden.

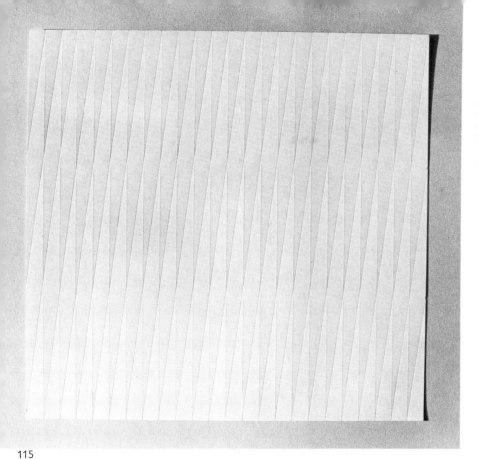

Wechselseitig parallel gerilltes Blatt. Die Parallelenscharen auf Vorder- und Rückseite schneiden sich in spitzem Winkel. Äusserst zurückhaltende Bearbeitung des Blattes erzeugt äusserst differenzierte Stufung der Grauwerte. Rillung nach Methode a, siehe Abschnitt «Rillen und Ritzen».

115

Rillung nach Methode b, stärker ausgeprägte Reliefwirkung.

Verformung durch Rillen
auf Vorder- und Rückseite
nach Methode a.

117

118

Das Blatt ist diagonal viergeteilt: In senkrechter Richtung stehen einander zwei konvexe, auf der Rückseite gerillte Dreiecke, in waagrechter zwei konkave Dreiecke gegenüber. Die Form ergibt sich durch Rillung nach Methode a.

Vorgewölbtes, übereck gestelltes Quadrat aus zwei gerillten Strahlenbündeln, welches zur übrigen, unstrukturierten Fläche in Kontrast gesetzt ist.

Strahlenförmige Rillung nach Methode c. Bei der Arbeit rechts lösen sich die Einzelrillen mehr oder weniger in einer allgemeinen lederartigen Struktur auf.

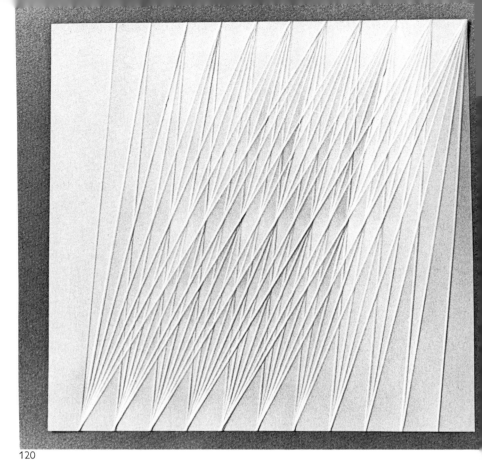

Wellenformen durch wechselseitiges Rillen nach Methode b erreicht.

121   120

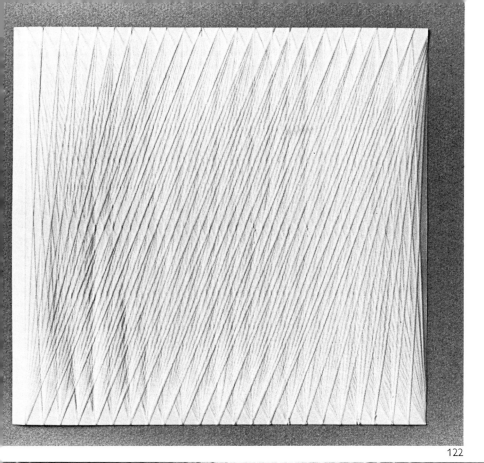

122

Einfallsreiche und fantasievolle Ausnützung der Möglichkeiten, die eine an sich einfache manuelle Methode im Verein mit dem geeigneten Werkstoff zur Verfügung hält, zeugt oft erstaunliche Resultate: Ein äusserst nuancenreiches Spiel von modellierenden und strukturierenden Rillen, die sich überlagern, durchdringen und überspringen wie Stimmen bei der Abwandlung eines musikalischen Themas, zeigen diese sechs verwandten Arbeiten. Sie sind aus einer Mappe von vierzehn zusammengehörigen Blättern ausgewählt, die alle nach der Methode b (siehe Kapitel «Rillen und Ritzen») aus 150 gm² starkem Bristolkarton ausgeführt wurden.

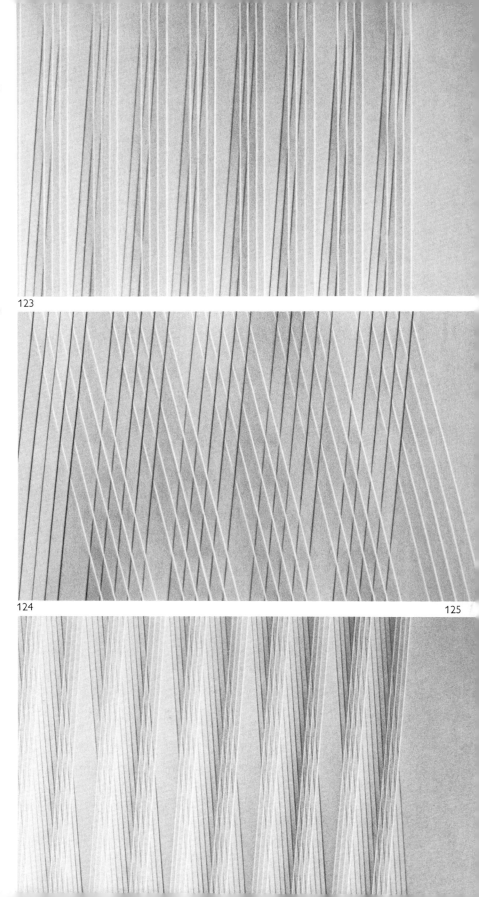

123

124   125

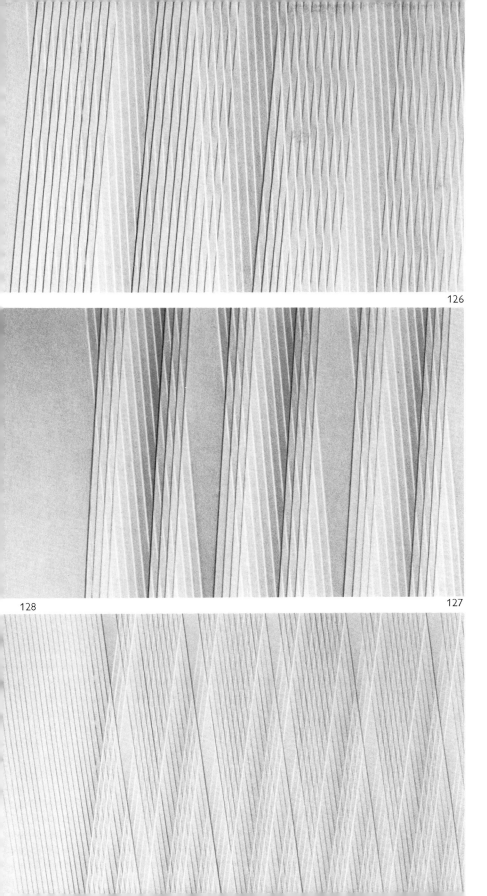

REGELMÄSSIGE FALTUNGEN

Spricht man von Papierarbeiten, hat man gewöhnlich zuerst etwas Gefaltetes im Sinn. Gefaltete Dinge, nicht nur papierene, haben meistens etwas Animierendes an sich: ein Briefbogen, ein japanischer Fächer, ein Schirm, ein Lampion, ein Blasbalg, ein Theatervorhang. Woher der besonders lebhafte Eindruck kommt, ist nicht leicht zu sagen. Möglicherweise ist es die Mischung von Stabilem und Flexiblem im gleichen Gegenstand, die ihm den Anschein von etwas Lebendigem gibt. Ein Ding, das mit einer einzigen Handbewegung sich überraschend in eine neue Gestalt verwandelt: Den flachen gefalteten Papierring zieht man zum Lampion auseinander, die geschlossene Handharmonika wird beim Spielen zur beweglichen Faltenschlange. Dies hat etwas Zauberisches, Unbeschwertes an sich.

In Japan ist die Kunst des Papierfaltens hoch geachtet, man nennt sie Origami. Sie ist Spiel und Bildungsmittel im weitesten Sinn. Jedes Kind wird in diese traditionelle Kunst eingeführt, und im ganzen Land bestehen Zirkel von Erwachsenen, die sich an diesem Spiel vergnügen und wetteifern, wer aus den leuchtend farbigen Papieren die schönsten Figuren zustande bringe.

Unter den Forschern auf dem Gebiet des Faltens befinden sich auch Ingenieure und Architekten, die die Gesetzmässigkeiten von Faltungen für selbsttragende Konstruktionen als Hallenüberdachungen u.a. auswerten oder direkt aus Karton faltbare Baracken, Möbel und Elemente für Ausstellungsstände entwerfen.

Unsere Übungen mögen zuerst bloss Strukturen sein, die durch ihr Formenspiel, ihre Beweglichkeit erfreuen und überraschen. Zuletzt aber könnte ein Spielzeug daraus werden, eine interessant gefaltete Glückwunschkarte oder eine einfache Verpackung.

Es geht hier nicht darum, die raffiniertesten Faltmuster vorzuführen, sondern, vom Einfachsten ausgehend, einen Weg zu zeigen, der zur Beherrschung der Grundlagen des Faltens führt.

Vor Beginn der Arbeit ist immer die Laufrichtung des Papiers zu prüfen, sie soll mit den Fälzen gleichlaufend sein. Vorzeichnungen, kleine Striche an den Rändern, sind immer nötig. Man mache sie aber so fein wie möglich, damit sie später nicht stören, denn am gefalteten Objekt können sie nicht mehr radiert werden. Besonders über die Kanten laufende Vorzeichnungen mindern die Frische des Eindrucks.

Relativ komplizierte Muster, besonders solche, die nicht gänzlich zusammenfaltbar sind, werden mit Vorteil geritzt. Sie lassen sich dann leichter falten als gerillte, verlangen dafür einen stärkeren Karton. Es muss dabei mit um so mehr Sorgfalt vorgegangen werden, als eine einzige Ritzlinie auf der falschen Seite oder ein Durchritzen die Arbeit unbrauchbar macht. Nachträgliches Verkleben von schadhaften Stellen sollte unbedingt vermieden werden. Die einzig richtige Lösung in einem solchen Fall besteht in einem Wiederholen der ganzen Arbeit.

129

130

Auch und gerade in der einfachsten Aufgabe die äussersten Möglichkeiten suchen: die engste, die weiteste Faltung; was dazwischen liegt, ist das Selbstverständliche.

Verschiedene Profile, **verschiedene Rhythmen in Parallelfaltung.**

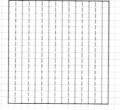 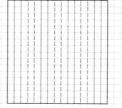 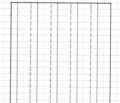

Das rechteckige Blatt wird schräg, aber noch parallel gefaltet. Deformation des quadratischen Blattes zum Parallelogramm.

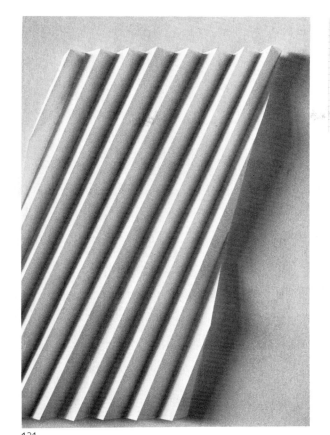

131

Die Kanten stehen zueinander leicht schief und bewirken eine Verwindung des gefalteten Bogens.

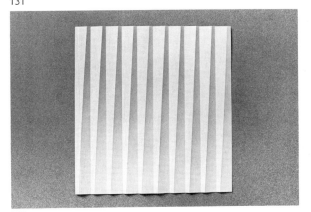
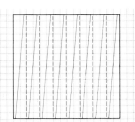

132

Die oben angedeutete Veränderung ist hier vollzogen: Die Kanten stossen an ihren Enden zusammen. Das Blatt ist in langgezogene Dreiecke gegliedert, gefaltet bildet es ein Fächerrad. Das nächste Kapitel wird sich von dieser Faltung her aufbauen, und auch die Windräder im Kapitel «Spielzeug und Spielobjekte» haben hier ihren Ursprung.

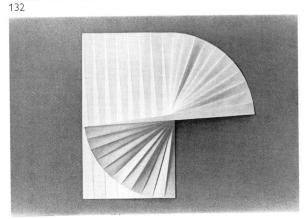
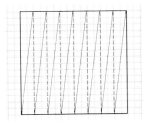

133

Drei in verschiedenen Winkeln quer gebrochene Parallelfaltungen. Die einfachen Parallelstrukturen sind durch schräge Kanten bereichert.

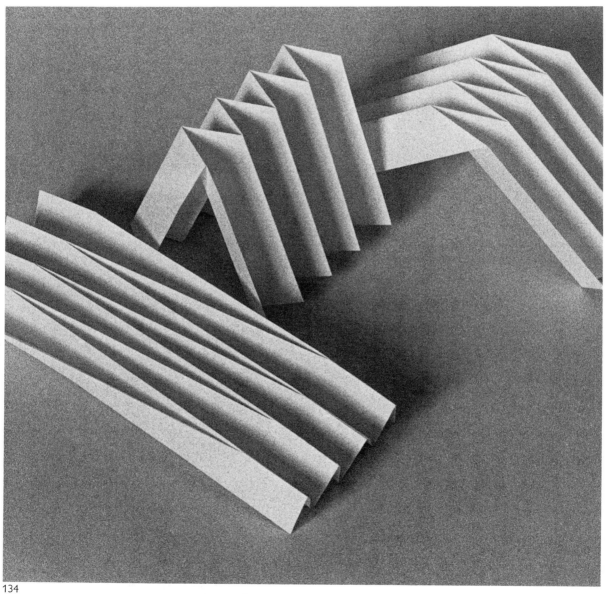

134

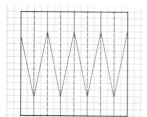 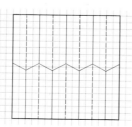 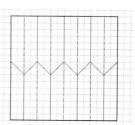

Doppelt gebrochene Parallelfaltungen.
 Die Zickzackbrüche sind zusammengerückt, so dass durchlaufende, sich kreuzende Kanten entstehen. Das Blatt formt sich zu Gewölbe, Zylinder, Kugel.

Variante der Faltung links unten. Man achte auch einmal auf den Eigenwert der Zeichnung: Ihre linearen Strukturen können zu flächig-dekorativen Versuchen anregen.

Doppelt gebrochene Parallelfaltung. Im Gegensatz zu vorher schneiden einander die Bruchlinien.

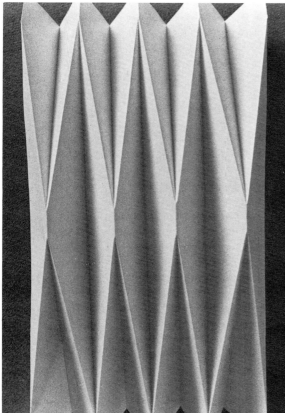

135

137

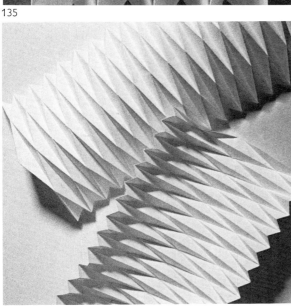

136

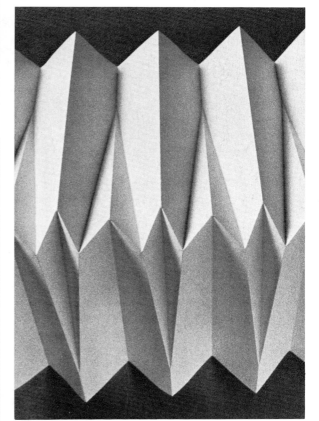

138

Doppelt gebrochene Parallelfaltung. Wie alle folgenden Faltwerke dieses Kapitels ist sie eine Ableitung und Erweiterung der dritten Figur auf Abb. 134. Der Doppelbruch setzt die Parallelstruktur um eine Stufe tiefer bzw. höher.

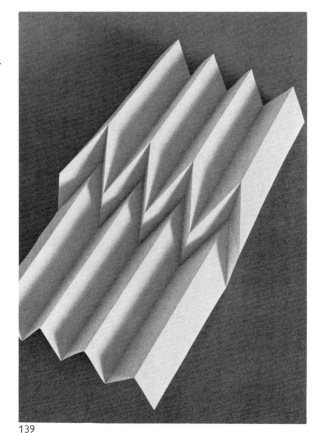

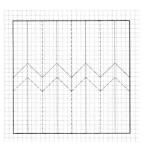

139

Die Zeichnung zur nebenstehenden Faltung ist in einen Quadratraster eingebaut, der natürlich nach Belieben verändert werden kann. Eine geradezu reptilhafte Beweglichkeit ist das Kennzeichen dieses Faltwerks. Eine Mindestzahl von Falten ist dafür allerdings erforderlich.

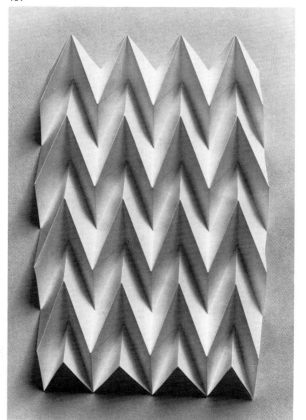

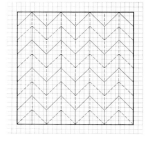

140

Dieses Faltmuster zeigt, wie veränderte Proportionen bei sonst gleichem Faltprinzip ein völlig anderes Bild entstehen lassen. Man vergleiche die vorhergehende und die nachfolgende Abbildung.

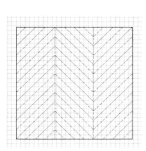

141

Nochmalige Umwandlung des Faltwerks von Abb. 140. Die Ähnlichkeit mit der Ausgangsform ist für das Auge nur noch gering, obwohl es sich um das gleiche Faltprinzip handelt.

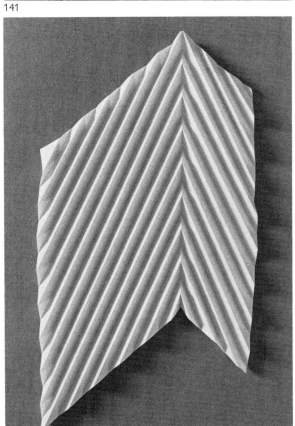
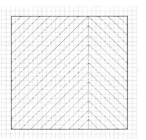

142

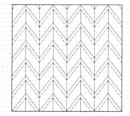

Beim Vergleich mit dem Faltwerk auf Abb. 140 ist ersichtlich, dass eine einfache Veränderung der senkrechten Faltenabstände das erheblich veränderte Bild bewirkt.

143

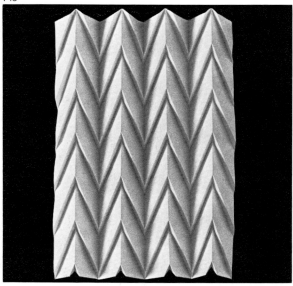

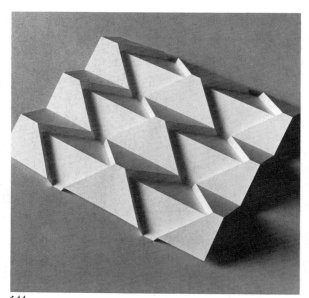

144

Eine Gegenüberstellung der Zeichnungen zu Abb. 143 und 144 macht die Form des Faltwerks verständlich. Es erscheinen sechs tiefer gelegte quadratische Kassetten durch das Zusammenwirken von je zwei spiegelgleichen Doppelbrüchen.

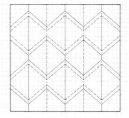

145

Durch Einschieben horizontal gefalteter senkrechter «Bänder» stellt dieses Faltwerk eine Erweiterung des Schemas auf Abb. 140 dar.

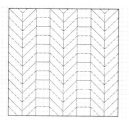

Variante der Arbeit links (145) durch Einschieben weiterer waagrecht gefalteter Zonen. Diese wie auch die vorangehende und die folgende Arbeit lassen sich nicht gänzlich zusammenfalten. Die erwähnten waagrecht gefalteten Bänder bleiben als Treppenstufen, die durch Stege (zusammengeschobene schräge Falten) voneinander getrennt sind.

146

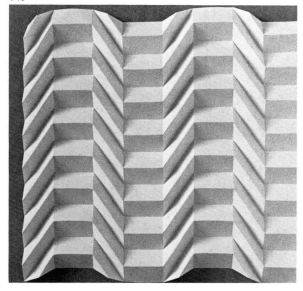

147
Die schrägen Falten sind diesmal alle gleichgerichtet, so dass ein neuer Rhythmus entsteht: stufenweise Abwärtsbewegung von links nach rechts.

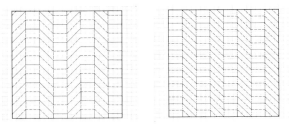

Ein parallel und gerade geschnittener Papierstreifen nimmt durch die sich verändernde Schrägfaltung Wellenform an.

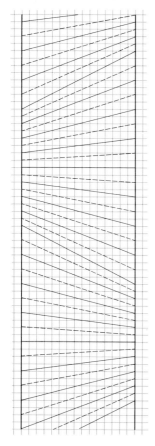

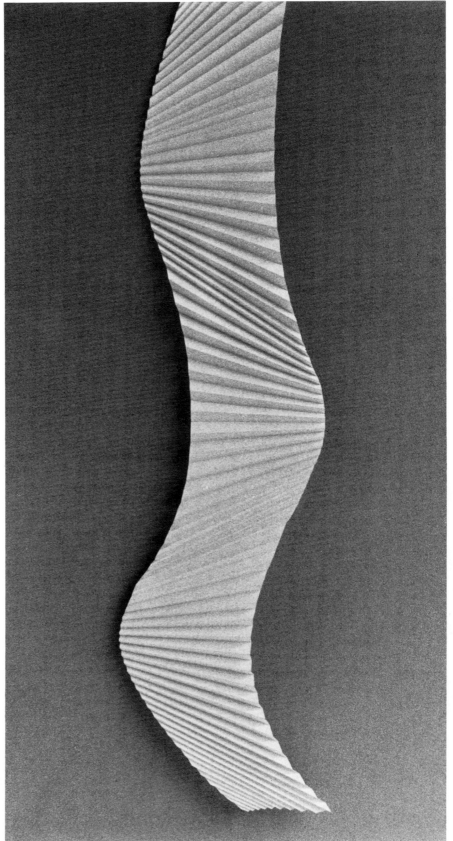

Ausgangsform für diese «Schnecke» ist ein länglches Dreieck, wie aus der Zeichnung ersichtlich ist. Durch Ritzen, Falten und Zusammenkleben der Dreieckpaare entstehen Rippen, zugleich formt sich die Figur zu einer Schnecke, die sich einerseits, infolge der Rippen, durch Stabilität, andererseits durch Gelenkigkeit auszeichnet.

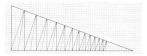

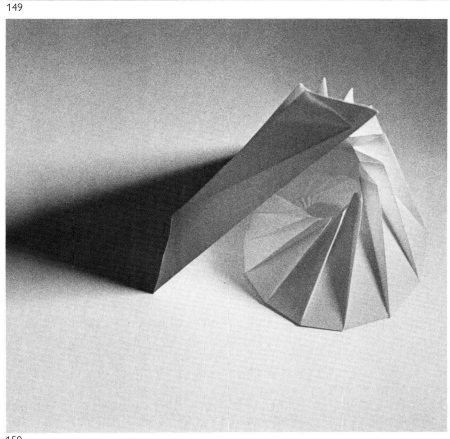

ENTWICKLUNG EINES FALTSCHEMAS

Nochmals soll an einem Beispiel gezeigt werden, wie bei bestimmten Arbeiten ein systematisches Vorgehen, richtig verstanden, den Weg zu neuen Formen und Ideen weisen kann. Es soll an dem einfachen Faltschema, das uns auf Abb. 133 begegnet ist, demonstriert werden, indem es auf ähnliche Weise abgewandelt wird wie ein Thema in der Musik. Das methodische Vorgehen darf uns aber nicht dazu verleiten, in Automatismus zu verfallen; das würde innert kurzer Zeit zum Stillstand führen. So folgerichtig und lückenlos wir auch vorgehen mögen, die Arbeit soll nie mechanisch, sondern mit vollster Aufmerksamkeit und grösster Beweglichkeit getan werden, so dass Phantasie und kritischer Sinn nicht erlahmen. Nur so wird programmatisches Vorgehen nicht zur Versklavung, vielmehr zum Anlass fruchtbarer und angeregter Tätigkeit.

Lassen wir diesmal keine einzige Möglichkeit ausser acht, auch wenn wir annehmen müssen, dass es Abfälle geben wird. Versuchen wir bloss Geahntes an einem Zipfel noch zu erfassen und in einer, wenn auch nur unbeholfenen Skizze einzufangen. Versuchen wir das Thema einmal gänzlich auszuschöpfen, indem wir alles, was erreichbar ist, in unser Vorhaben einbauen. Das wird viel Arbeit kosten, doch ist die Anstrengung ein gutes Mittel, um uns vor dilettantischem Antippen und nachträglichem Liegenlassen aller möglichen Themen zu bewahren. Es ist eines der vielen modernen Vorurteile, ein Problem hartnäckig zu verfolgen, zeige in jedem Fall Erstarrung und Enge an. Hartnäckig heisst hier übrigens nicht, mit zusammengebissenen Zähnen am Werk zu sein, sondern lebhaft, intensiv und ausdauernd. Jeder soll nun selber spüren, wie weit er hier gehen kann: Wenn Interesse und Freude zu schwinden beginnen, ist es wohl Zeit, sich zu besinnen. Das Persönlichste, Eigenste zu wecken und zu entwickeln bleibt doch der erste Beweggrund zu Versuchen, wie sie diese Seiten anregen.

Die in den Abbildungen gezeigten Beispiele stellen nur einen Teil der zum Thema entstandenen Objekte vor, sie geben aber einen Begriff von der Variationsbreite.

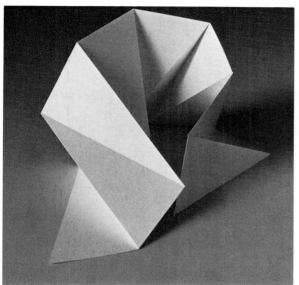

151

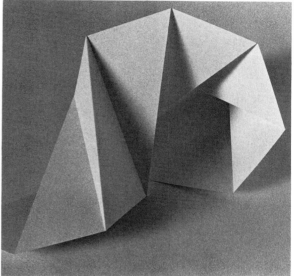

153

152
Das Grundschema (Abb. 133) ist in die Breite gezogen. Das geritzte Kartonband lässt ausgesprochen scharf artikulierte Figuren entstehen; es macht Freude, damit zu spielen.

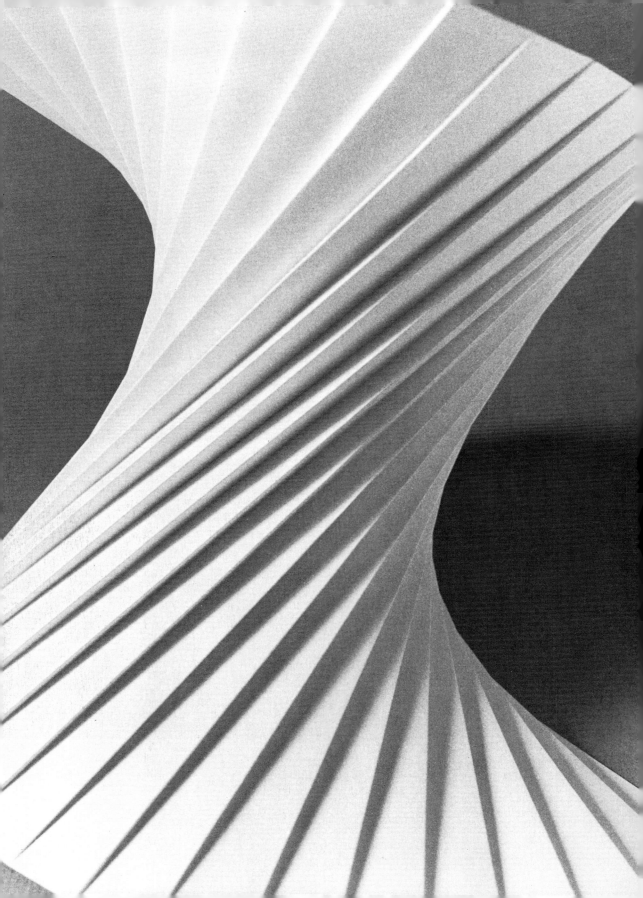

Erstaunliche Dynamik zeigt diese dem Hyperboloid verwandte Figur. Die Zeichnung zeigt eng zusammengedrängte langgezogene Dreiecke.

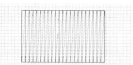

155
Der nach nebenstehender Zeichnung gerillte Papierstreifen legt sich von selbst in s-förmige Windung. Das Grundschema ist extrem langgezogen und schräggestellt.

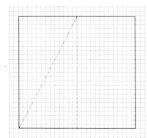

Das Faltschema ist hier sozusagen auf seine einfachste Form zurückgeführt. Ein in der Mitte gefalztes Quadratblatt, dessen eine Hälfte diagonal gerillt und umgeschlagen ist: ein Revers.

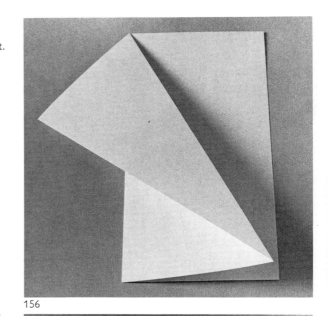

156

Die dreimalige Faltung gibt dem Blatt genügend Stabilität und Stand, um sich aufrechtzuhalten. Es ist dieselbe Figur wie oben, nur dass die rechte Quadrathälfte ebenfalls gerillt und zurückgefaltet ist. Die mittlere Figur auf Abb. 158 kann aus zwei solchen Teilen zusammengeklebt werden.

157

 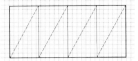 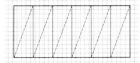

Man kann die drei Figuren auch als je zwei mit den Spitzen gegeneinander stehende, drei-, vier-, sechsseitige Hohlpyramiden verstehen, die durch stabilisierende Rippen miteinander verbunden sind. Eigentlich würde man keine rechtwinklige Abwicklungen vermuten.

158

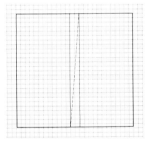

Andere Möglichkeit der Rückführung unseres Faltschemas auf eine äusserst reduzierte Form. Die Faltung gewinnt an Ausdruck durch den Kontrast der beiden grossen, leicht geschwungenen Flächen.

159

Bewegung des Überschlagens in zwei exzentrischen Schwüngen. Der Papierstreifen ist gegen die Mitte zunehmend enger gefaltet.

160

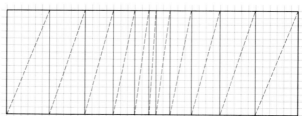

Durch unwillkürliche Drehung im Sinne einer Schraubenlinie macht der gefaltete Streifen selbst aufmerksam auf die Möglichkeit des Zusammenklebens zu einer Röhre. Es sind dazu Klebfälze längs der einen Kante notwendig.

161

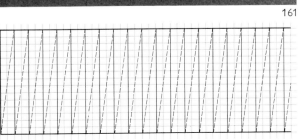

Das Doppelband lässt sich mit einer einzigen Spiralbewegung zu einem kleinen Quadrat zusammenfalten. Diesen hauptsächlichen Reiz kann die Fotografie natürlich nicht wiedergeben.

162

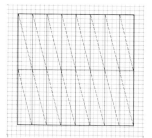

Optisch nicht leicht erfassbare zweifache Verwindung eines quadratischen Blattes. Die einfache Zeichnung lässt diese Form nicht ohne weiteres voraussehen.

163

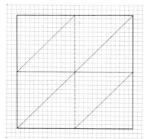

Überraschende Form eines quadratischen Blattes. Die Abwicklung ist in vier diagonal halbierte Quadrate eingeteilt.

164

165

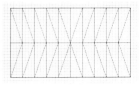

Zwei «Dächer». In jeder Figur zwei spiegelbildliche Verdoppelungen, zwei sich senkrecht schneidende Symmetrieebenen.

166

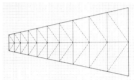

Sich verjüngende Abwicklung. Die Schnecke lässt sich stufenweise unter Schnappbewegungen ein- und ausrollen.

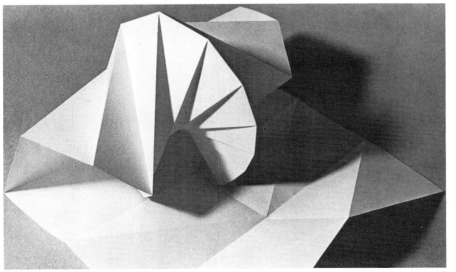

167

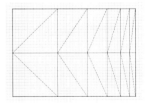

Sich einrollende Schnecke. Spiegelbildliche Verdoppelung und fortschreitende Zusammendrängung des Schemas in einer Längsrichtung.

Geschlossene symmetrische
Form mit vier Flossen.
Das Grundschema ist stark
vereinfacht und zweimal
gespiegelt.

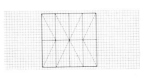

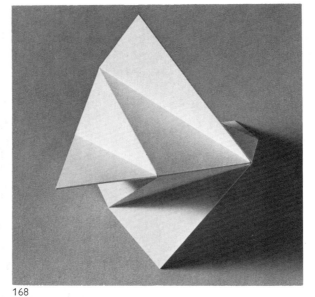

168

Zwei im Prinzip gleiche
Körper tetraedrischer
Grundform. Die nebenstehende Zeichnung entspricht der Figur rechts.

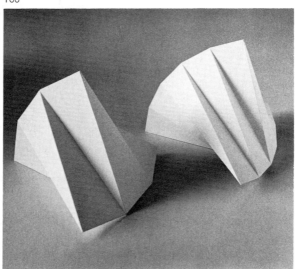

169

Durch Einsetzen von mehr
Stufen erhalten wir aus
der zuoberst abgebildeten
die nebenstehende Figur.
Bei gleichbleibendem Prinzip wesentliche Veränderung der optischen Erscheinung.

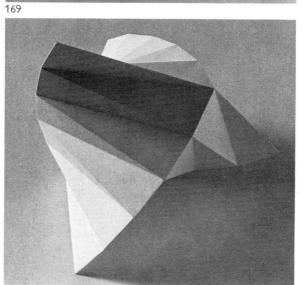

170

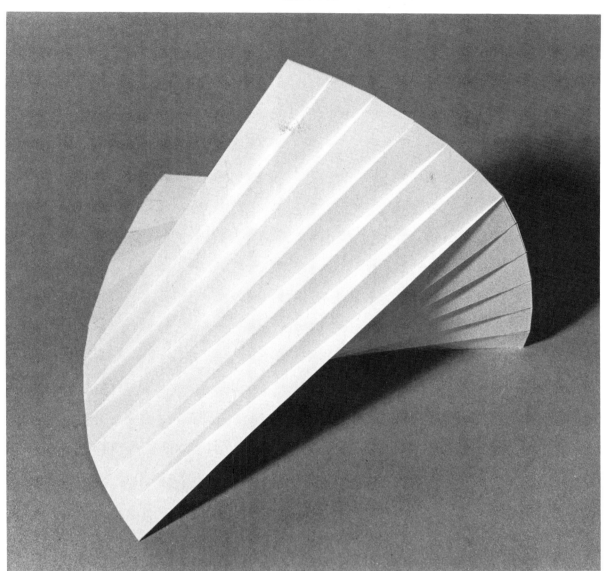

171

172

Ein weiterer Abkömmling der Figur auf der linken Seite oben. Die Vielheit der Stufen bewirkt ein stärkeres Hervortreten der Gesamtform auf Kosten der Einzelformen.

Die noch halb offene Abwicklung erlaubt einen Einblick in den Vorgang des Zusammenklebens.

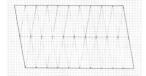

Abwicklung der unten abgebildeten Tetraederkette.
173

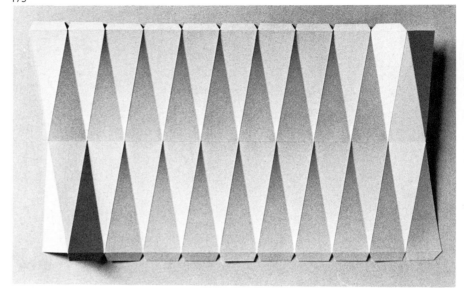

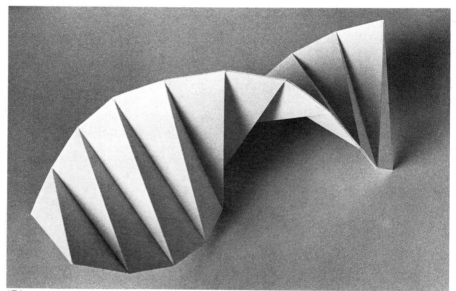

174
Überraschend ergibt sich aus der symmetrischen Abwicklung, durch asymmetrisches Zusammenkleben, dieser verdrehte Tetraeder-Gürtel. Er ist beweglich, weil jedes Tetraeder mit dem nächsten bloss an einer Kante verbunden ist.

Die Zeichnung zeigt eine additive Erweiterung des Grundschemas in veränderten Proportionen. Man vergleiche die Stele auch mit der mittleren Figur auf Abb. 158. Hier ist die Drehbewegung durch die Aufeinanderfolge mehrerer Stufen verstärkt.

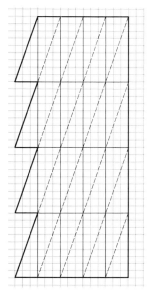

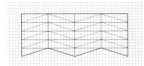

Der vorangehenden verwandte Stele. Die Masse sind die gleichen, der Rhythmus ist verändert.

Es mag auffallen, dass die Oberfläche der Stele aus 32 Dreiecken besteht, ihre Abwicklung hingegen deren 36 aufweist. Die vier überzähligen übernehmen die Aufgabe des Klebfalzes und erleichtern ein genaues Zusammenkleben wesentlich. Diese Methode kann in allen ähnlichen Fällen angewendet werden. Dabei klebt man aber nicht die ganze übereinandergreifende Partie, in diesem Fall die vier Dreiecke, zusammen, sondern nur eine etwa 3 mm breite Zone an der äusseren Kante. Man beachte, dass die Zeichnungen sonst nur die an der fertigen Figur sichtbare Oberfläche berücksichtigen.

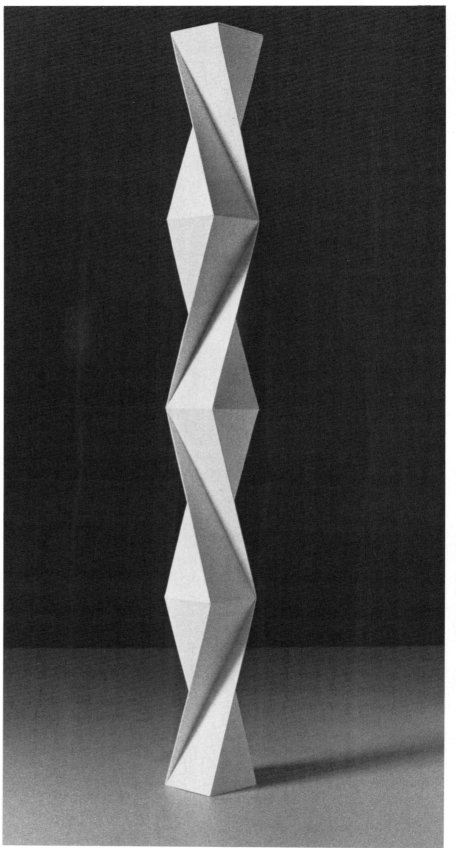

176

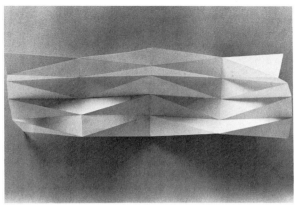

177

Merkwürdige Eigenschaften hat die Abwicklung der links abgebildeten Stele: In der Mitte mit einer Hand gehalten, mit der anderen an der gegenüberliegenden Kantenmitte nach aussen gezogen, schwingen die äusseren Enden nach der Mitte hin einwärts. Sie kann zusammengerollt werden und bildet, an zwei Punkten zusammengehalten, ein stabiles Gebilde. Wird sie losgelassen, fällt sie in sich zusammen zu einer Rosette.

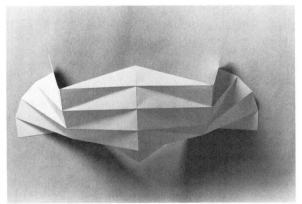

178

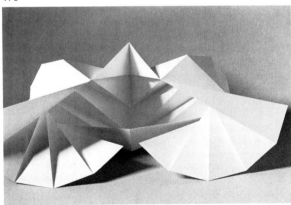

179

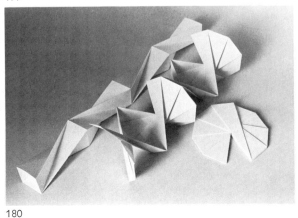

180

HALBREGELMÄSSIGE FALTUNGEN

Durch Falten unterteilen wir ein quadratisches Blatt (ca. 28 × 28 cm, 140–180 gm²) in 64, 128 oder 256 Dreiecke, wie es die Skizzen A, B und C darlegen. Es muss scharf und auf beide Seiten gefalzt werden, denn die Fälze bilden die Scharniere, in denen sich die Dreiecke bewegen sollen.

Am besten erledigt man dieses Vorfalten ohne jedes Hilfsmittel, wie Massstab, Bleistift oder Falzbein, von blosser Hand. Auf diese Weise ist die Arbeit nicht nur eine eben notwendige leidige Vorarbeit, die man so rasch als möglich hinter sich bringt, sondern die sinnvollste Einübung in die Hauptarbeit selbst. Das Vorfalten muss deshalb mit der gleichen Aufmerksamkeit und Sorgfalt ausgeführt werden wie der Hauptteil der Aufgabe.

Das Blatt nach Schema I wird folgendermassen gefaltet:
Kante GE auf Kante AC
Kante GE auf Falz HD
Kante AC auf Falz HD
Kante AG auf Kante CE
Kante AG auf Falz BF
Kante CE auf Falz BF
Ecke G auf Ecke C
Ecke G auf Schnittpunkt K
Ecke G auf Schnittpunkt N
Ecke G auf Schnittpunkt M
Ecke C auf Schnittpunkt M
Ecke C auf Schnittpunkt N
Ecke C auf Schnittpunkt K
Ecke A auf Ecke E
Ecke A auf Schnittpunkt L
Ecke A auf Schnittpunkt N
Ecke A auf Schnittpunkt I
Ecke E auf Schnittpunkt I
Ecke E auf Schnittpunkt N
Ecke E auf Schnittpunkt L

Da im Schema III die zwei anderen enthalten sind, genügt ein genaues Vergleichen

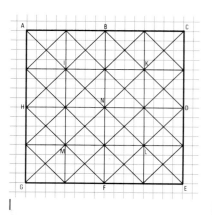

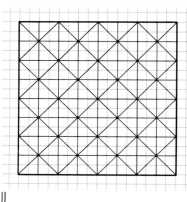

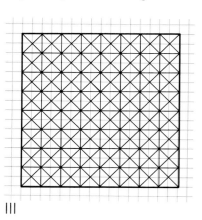

I   II   III

der Gitter und konsequentes Weiterfalten, um zum Ziel zu kommen.

Nachdem das Blatt nach Vorder- und Rückseite scharf durchgefaltet wurde, streicht man es wieder glatt, so dass es möglichst flach daliegt. Die Hauptarbeit kann beginnen.

Man fasst das Blatt an zwei gegenüberliegenden Stellen und schiebt es vorsichtig zusammen. Die Dreiecke fangen an, in nicht voraussehbarer Art sich schräg zu stellen; einzelne Blattpartien heben, andere senken sich. Es entsteht ein fazettenartiges Relief mit weicher und schärfer profilierten Partien, die das Auge während des langsamen Veränderns verfolgt und prüft.

Diese Aufgabe ist eine Art Modellieren in Papier. Während uns beim Modellieren in Ton jedoch keine Grenzen gesetzt sind, was Charakter und Verschiedenheit der Formen betrifft, das Material als Werkstoff also allein die Bedingungen stellt, sind wir hier durch den gefalteten Raster, der unser Blatt in fixe Dreiecke aufteilt, im vornhinein entscheidend eingeschränkt. Was aber im ersten Moment als Nachteil erscheint, wird für den Lernenden zum Vorteil. Da wir kein Dreieck in seiner Lage einzeln verändern können, weil sich die anderen Dreiecke immer gleichzeitig mitverändern, das ganze Blatt sich somit gesetzmässig bewegt, ist eine Einheitlichkeit, eine gewisse Harmonie immer schon gegeben. Wir werden dadurch angehalten, fortwährend das Ganze ins Auge zu fassen, und die Gefahr des Sichverlierens in ein Detail ist dadurch weitgehend vermieden. So wird sich diese Übung auch als Vorstufe zum plastischen Gestalten in Ton oder Plastilin bewähren.

Ein weiterer Unterschied zum Modellieren in Ton, unter den richtigen Umständen ein Vorteil, ist die Beweglichkeit und Variationsmöglichkeit dieses papierenen Reliefs. Während ein Tonrelief schrittweise aufgebaut wird, durch Zufügen, Wegnehmen, Schaben und Kneten langsam seine bestimmte Gestalt erhält, können wir hier eine beliebige Anzahl von verschiedenen Zuständen durch eine einfache Bewegung der Hände herbeiführen und dabei unablässig die Veränderung der Form, die Verlagerung der Schwerpunkte, die Verschiebung der Akzente usw. beobachten.

Es kann nun sein, dass einzelne plastische Situationen besonderes Interesse verdienen und wir sie deshalb festhalten möchten. Es genügt dann meistens, das Blatt an zwei oder drei entscheidenden Punkten mit Leim auf eine Unterlage zu heften, um es damit in seiner Lage zu fixieren. Anstelle eines Papiers wäre eine stabile Unterlage richtiger. Sie kann in einer extrem flachen Schachtel aus weissem Karton bestehen, die wir selbst anfertigen. Es ist wichtig, dass deren Masse vorher sorgfältig ermittelt werden.

Neun Varianten der auf vorhergehender Doppelseite beschriebenen vorgefalteten Quadratblätter. Schwache, bloss angedeutete bis sehr ausgeprägte, symmetrische und asymmetrische Faltungen in unbegrenzter Zahl sind möglich. Die Gesetzmässig-

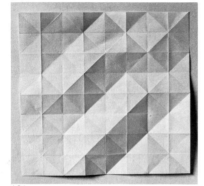
181

182

183

184

185

keit der Bewegung garantiert sozusagen die Harmonie jeder möglichen Situation, dennoch ist die eine schöner, interessanter, die andere weniger spannungsreich. Ihr Beobachten und Bewerten ist für Auge und Tastsinn Anregung und Bereicherung.

186

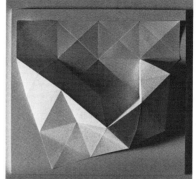

187

188

189

PLIAGEN

Von vollkommen regelmässigen Faltungen sind wir über halbregelmässige nun zu unregelmässigen gelangt. Schon bei den halbregelmässigen spielte der Zufall eine nicht geringe Rolle, hier wird er vollends bestimmend sein. Man fragt sich vielleicht, ob es sinnvoll sei, nur mit dem Zufall zu arbeiten, denn ein Minimum an Geschlossenheit und innerer formaler Beziehung möchte man von jedem Resultat erwarten.

Wie wir aber gesehen haben, gehorchen erstens alle Faltungen einer gewissen Gesetzmässigkeit; zweitens können wir den Zufall hier doch bis zu einem gewissen Grad lenken, und drittens werden wir aus den Resultaten eine um so strengere Auswahl treffen. Im Beurteilen der Arbeit besteht hier die Hauptaufgabe.

Wir haben von Arbeit gesprochen, doch eher ist es ein Spiel zu nennen, eine lehrreiche Unterhaltung für diejenigen, die den Reiz so einfacher Objekte spüren und zu schätzen wissen. Nichts anderes als die Gespanntheit der Flächen, die Straffheit der Falten und die Ausgewogenheit der Verhältnisse sind es, die uns erfreuen.

Für diese Übungen verwenden wir quadratische Blätter von den Massen 24×24 cm und etwa 100 gm^2 Gewicht. Später gehe man von anderen und grösseren Formaten aus, man arbeite auch mit dünnen Papieren oder falte mit zwei- oder mehrfach übereinandergelegten Blättern, von denen einzelne farbig sein können. Der erste Griff, die erste Bewegung ist entscheidend für die ganze Abfolge des Faltvorgangs. Langsam lässt man den Bogen unter zurückhaltender, doch lenkender Bewegung sich in Falten legen, die man im richtigen Augenblick flach presst. Es ist wie ein vorsichtiges und bedachtes Zerknüllen, wobei man darauf achtet, dass unkontrollierte Faltennester und Stauchungen möglichst unterbleiben. Man wird eine grössere Anzahl Versuche unternehmen, um zu dem Punkt zu gelangen, bei dem dies rein technisch einmal gelingt. Auf ein nachträgliches Hinzufügen kleiner Falten, also auf eine Korrektur, wird besser verzichtet. Was hier gelingt, gelingt auf Anhieb. Ist es doch gerade die Frische, Leichtigkeit und Absichtslosigkeit, die wir an diesen Figuren schätzen.

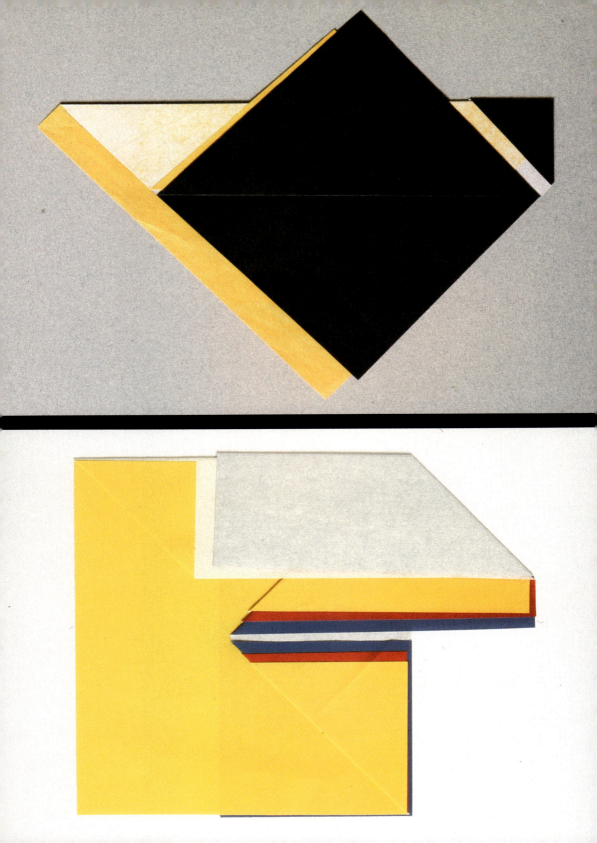

PLASTISCHES GESTALTEN MIT PAPIER, AM WÜRFEL DEMONSTRIERT

Ausgangssituation
Von der Skizze zur
fertigen Figur
Strukturieren der Oberfläche
Durchbrechen, Perforieren,
Verschachteln
Flechten
Abstumpfen der Ecken und
Kanten
Würfelgliederungen
Abschrägen
Verwinden
Stauchen
Der umfallende Würfel
Würfeldurchdringungen
Würfelteilungen
Flächen und Körper im
Würfelraum

AUSGANGSSITUATION

Wir nehmen den Würfel zum Ausgangspunkt für eine Reihe von Versuchen, weil er eine einfache und allgemein vertraute Figur ist, besonders aber auch, weil er, sozusagen unter seiner Oberfläche, eine ganze Anzahl regelmässiger und halbregelmässiger stereometrischer Körper «enthält». Diese verlocken zum Experimentieren, sobald wir ihr Vorhandensein einmal zu entdecken beginnen.

Die Gestalt des Kubus ist vom Auge ohne Mühe zu erfassen: Die Betonung der Senkrechten und Waagrechten, die nur rechten Winkel, die Gleichheit der Kanten und Flächen geben dem Körper das Einmalige, die Selbstverständlichkeit und Sicherheit seines Auftretens, zugleich allerdings eine gewisse Starrheit.

Liegt oder steht der Würfel auf der Tischfläche? Kann man von einer Breite, Höhe oder Länge sprechen? Er hat eine Boden- und eine Deckfläche, wenn wir ihn aber kippen, werden zwei andere und doch selbe Seiten mit dem gleichen Recht beanspruchen, Boden- und Deckfläche zu sein. Die Situation bleibt also unverändert.

Und nun der Würfel aus Papier: Aus grösserer Distanz könnte ihn der Beschauer für einen Körper aus Gips oder bemaltem Holz halten, auch ist sein Gewicht nicht ohne weiteres auszumachen. Bei näherem Zusehen erst verrät er seinen Charakter:

Er ist aus dünnstem Material, hohl und federleicht; eine unsanfte Hand wird ihn eindrücken, ein Luftzug wegblasen. Beinah ist er gar kein wirklicher Körper, sondern nur die Haut eines solchen. Diese Oberfläche aber genügt, um das Wesentliche vollkommen darzustellen, denn unmissverständlich sind die leuchtend weissen Flächen und straffen Kanten die Wirklichkeit, die zum Begriff Würfel gehört.

Ein Holzwürfel entsteht durch Sägen, Hobeln, Schleifen, er wird aus einem grösseren massiven Stück Material herausgearbeitet. Ähnlich würde ein Würfel aus Gips entstehen, wenn man es nicht vorzöge, sich des Abgussverfahrens zu bedienen. Dazu wäre eine präzise Negativform nötig, welche wiederum ein positives Modell voraussetzte. Ein Würfel aus Ton muss Stück für Stück von einem «Kern» her aufgebaut werden, man fügt hinzu, bis der Körper seine Form und sein Mass hat.

Auf grundsätzlich andere Art entsteht dagegen ein Papierwürfel. Sein Werdegang über die zweidimensionale Abwicklung hat etwas äusserst Abstraktes an sich. Mit einem Nichts an Material und ohne grössere Werkzeuge steht er in kürzester Zeit vor uns. Es ist sinnvoll, sich diese Vergleiche vor Augen zu führen, denn sie erklären auf eindringliche Weise die Eigenart unseres Papierhandwerks. Oder kann man sich einen grösseren Gegensatz vorstellen als den zwischen dem schrittweisen Vorgehen beim Modellieren, wo das Volumen langsam wächst, der Körper sukzessive Gestalt gewinnt, und dem sprunghaften, unkontinuierlichen Entstehen unseres Papierwürfels? Nach den Vorarbeiten des Aufzeichnens, Rillens (oder Ritzens) und Ausschneidens ist er sozusagen in einem Augenblick in die Form gebracht, ist aus einem völlig flachen Gebilde ein Körper geworden. Diese Eigenschaft ist es, welche das Papier zu einem bevorzugten Mittel des Experimentierens macht.

Die Ausgangssituationen der folgenden Versuche scheinen meistens recht simpel zu sein, sie sind es in gewisser Weise auch und dürfen, ja sollen es sein. Der primitive Anfang, wenn er nur richtig gesehen wird, enthält in sich schon alle die mannigfaltigen Folgerungen, die wir, oft zu unserer eigenen Überraschung, daraus ableiten können. Wer würde etwa dem leicht schräg stehenden, aus seinem Gleichgewicht geratenen Würfel auf Seite 199 auf den ersten Blick solche und soviele Entfaltungsmöglichkeiten zutrauen? Und das Thema ist mit den nachfolgend gezeigten Beispielen noch längst nicht ausgeschöpft; wie schon gesagt wurde, sind sie eher als Anregung und Wegweiser zu verstehen.

Wenn in den folgenden Abschnitten von Veränderungen des Würfels gesprochen wird, so sind wir uns bewusst, dass der Würfel im strengen Sinn nur solange ein Würfel bleibt, als kein wesentliches, geometrisch definiertes Merkmal verändert wird. Es ist aber schwierig, z. B. den eben erwähnten schrägstehenden Würfel vom optischen Eindruck her anders und ebenso deutlich zu benennen. Wir nehmen also diese gewisse Ungenauigkeit der Ausdrucksweise in Kauf, um die erscheinungsmässige Erfahrung des Körpers Würfel in ihrer Einheitlichkeit zu wahren.

VON DER SKIZZE ZUR FERTIGEN FIGUR

Die Verwirklichung einer plastischen Figur aus Papier kann mit einer Bleistiftskizze beginnen oder mit einem schon dreidimensionalen Modell, das auf kürzestem Weg, ohne Massstab und Zirkel, mit Falzbein, Schere und Leim der vielleicht noch etwas unbestimmten Vorstellung zur Gestalt verhilft. Es spricht viel dafür, den zweiten Weg zu beschreiten, weil das Ziel ja auch eine räumliche Figur ist. Ein auf der Fläche dargestellter Körper ist etwas ganz anderes als dieser Körper selbst, als das wirkliche dreidimensionale Objekt, das man in den Händen halten, umdrehen und von allen Seiten betrachten kann. Dieses lässt sich rascher und eindeutiger beurteilen, es wird von den Augen wie von den Händen, vom Gesichts- wie vom Tastsinn gleichzeitig erfasst. Der zweite Weg ist deshalb der direktere und der anregendere.

Darüber hinaus gibt es Formen, das wird die Erfahrung zeigen, die auf keinem anderen als dem praktischen Weg gefunden werden, weil sie sich der Vorstellungskraft wie auch der zeichnerischen Bewältigung widersetzen. Trotzdem wird man bei Gelegenheit zu Bleistift und Papier greifen, um einen Einfall rasch mit einigen Strichen festzuhalten.

Einen solchen Fall zeigen die Skizzen auf den Seiten 168/169 mit Würfelgliederungen. Hier hätte

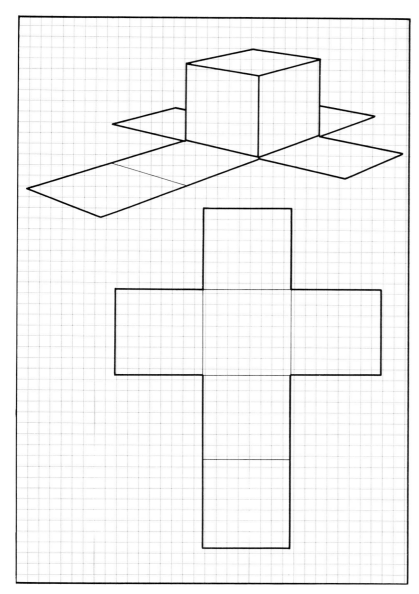

ein sofortiges Anfertigen in Papier mit der raschen Aufeinanderfolge und der Vielzahl der sich zeigenden Möglichkeiten nicht Schritt halten können. Auch erlauben die Skizzen – die Abbildungen zeigen davon nur einen Teil –, die für eine Ausführung eindeutig ungeeigneten Lösungen im vornhinein auszuscheiden.

Jedes Polyeder hat mehrere mögliche Netze oder Abwicklungen, d. h., die Zusammenstellung der Teilflächen, aus denen sich seine Oberfläche zusammensetzt, kann variiert werden. Die relativ einfache Figur des Würfels weist bereits elf verschiedene Netze auf, und es ist ein Spiel für sich, sie alle ausfindig zu machen und eventuell zu erproben. Man wird dabei erfahren, dass es geeignetere und weniger geeignete Abwicklungen gibt, was heisst, dass sie beim Zusammenschliessen zur Figur mehr oder weniger Mühe machen. Diese Feststellung ist wichtig. Unter mehreren Abwicklungen wählt man diejenige, die den sichersten und kürzesten Weg zum fertigen Objekt verspricht.

Eine oft anwendbare Methode, das Netz eines Polyeders zu finden, wird im folgenden am Beispiel des Würfels gezeigt: Dieser wird in parallel-perspektivischer Ansicht auf ein genügend dickes Blatt gezeichnet. Hierauf klappt man in der Vorstellung die vier Seitenflächen und die Deckfläche auf die Bodenebene hinunter und skizziert sie ebenfalls in dieser Lage. Die dabei entstandene kreuzförmige Flächenfigur wird daneben oder auf einem anderen Blatt noch einmal aufgezeichnet, aber nicht mehr in der Verkürzung, sondern mit rechten Winkeln. Wir rillen die Kanten, schneiden das Ganze mit Schere oder Messer aus, falten es vor und schliessen es zum Würfel zusammen. In diesem Stadium muss sich zeigen, ob die Abwicklung vollständig und in ihrer Form günstig ist. Korrekturen werden allenfalls sofort und auf die einfachste Art vorgenommen, indem z. B. eine Fläche weggeschnitten und mit Klebband an der für sie geeigneteren Stelle angeheftet wird.

Kompliziertheit und eine besondere Gliederung können es bei vielen Figuren nahelegen, ihr Netz in zwei oder mehr Teile zu zerlegen. Im allgemeinen aber soll die Regel gelten, das Netz so zusammenhängend und geschlossen als möglich zu halten und unnötig verzweigte, in langen Armen ausholende Formen zu vermeiden.

Ist die im Augenblick bestmögliche Lösung gefunden, so bleibt noch das Problem der Klebfälze. Wo diese anzubringen sind, lässt sich am besten wieder mit Hilfe des ersten provisorischen Modells ermitteln: Die betreffenden Kanten werden dort, z. B. mit farbigem Filzstift, deutlich bezeichnet, dann wird der Entwurf wieder flachgelegt.

Die letzte zu klebende Fläche, bei unserem Würfel die Deckfläche, bleibt immer ohne Fälze. Weshalb, wird in der Praxis sofort klar. Verwendet man Doppelfälze (siehe Abschnitt «Kleben»), so ist die Sache einfacher, es bleiben dann dem ganzen Umriss entlang Fälze stehen. Der weitere Verlauf der Arbeit nach bereinigter Abwicklung am Versuchsmodell, also die eigentliche Ausführung, sei in kurzen Zügen beschrieben.

Zuerst mache man sich Gedanken über die definitive Grösse der Figur, zum Vergleich ziehe man das provisorische Modell heran. Nun wählen wir den Karton. Seine Dicke richtet sich ausser nach der Dimensionierung der Figur danach, ob diese gerillt oder geritzt wird. Im ersten Fall überschreite man das Gewicht von 180 gm^2 nicht, im zweiten Fall bleibe man darüber. Für die abgebildeten Figuren wurden meistens maschinenglatte Offsetkartons verwendet, in wenigen Fällen weisser Hochglanzkarton. Natürlich kommen auch andere Qualitäten wie glatte oder leicht gekörnte Zeichenkartons in Frage. Für grössere Objekte ist oft Fotokarton das Richtige; er wird in verschiedenen Farben, in der Regel im Format 70×100 cm gehandelt. Das Material wird so gewählt, dass es der Figur eben noch genügend Stabilität verleiht. Dickes Material zwingt dazu, die Kartonstärke in der Abwicklung einzuberechnen, zudem werden Kanten und Ecken weniger präzis. Nun wird das Netz exakt und fein aufgezeichnet, nicht einfach irgendwo mitten im Blatt, sondern so, dass der Bogen gut genützt wird. Es gehört dies zu ökonomischem Arbeiten. Der Umriss des Netzes kann durch einen stärkeren Strich hervorgehoben werden. Besonders wenn die Figur geritzt wird und einspringende Kanten aufweist (z. B. Abb. 324), soll leicht ersichtlich sein, welche Linien auf der Vorderseite (auf den später vorspringenden Kanten) und welche auf der Rückseite geritzt werden. Wenn geritzt wird, ist die Seite, auf die das Netz gezeichnet wird, die rechte, also bei der geschlossenen Figur die äussere Seite. Wird gerillt, so ist die Seite mit der Zeichnung die Rückseite, sie kommt später nach innen und bleibt meistens unsichtbar. Nun wird das Ganze der stärker ausgezogenen Linie entlang mit scharfem Messer ausgeschnitten und anschliessend vorgefaltet. Das gründliche Vorfalten soll nie vernachlässigt werden, es ist ein wichtiger Arbeitsvorgang. Man beseitigt damit unerwünschte Spannungen, was das Kleben wesentlich erleichtert und an der fertigen Figur vorgewölbte Flächen verhindert. Die Abwicklung muss sich jetzt mühelos und präzis zum Körper zusammenschliessen lassen. Wenn das nicht der Fall ist, suche man nach der Fehlerquelle: Wurde nicht richtig oder ungenau aufgezeichnet? Stimmen die Winkel? Wurde wirklich genau über den vorgezeichneten Linien gerillt oder geritzt? Sind alle nötigen Klebfälze vorhanden und am richtigen Ort? Sind deren Enden nicht genügend schräg geschnitten, so dass sie in den Ecken sperren?

Da Korrekturen meistens den klaren Ausdruck der Figur beeinträchtigen, beginne man, wenn nötig, ohne zu zögern mit der ganzen Arbeit von vorne.

Ist sie bis hieher fehlerlos gediehen, muss man sich über das Vorgehen beim Zusammenkleben ganz klar werden, um diesen letzten Arbeitsgang zielbewusst und sicher, wenn auch ohne Übereilung ausführen zu können; denn ein Augenblick der Unachtsamkeit kann die Sache im letzten Moment verderben. Man sehe im Kapitel «Kleben» nach, wie geritzte Kanten geleimt werden.

STRUKTURIEREN DER OBERFLÄCHE

Unter den Möglichkeiten, den Würfel zu verändern, gibt es einige, die seine Grundform nicht antasten. Es sind jene der farbigen und der grafischen Gestaltung und die der «oberflächlichen» plastischen Strukturierung. Die zwei ersten Möglichkeiten fallen hier nicht in Betracht, weil Probleme von Farbe und Zeichnung in diesem Buch nicht behandelt werden.

Beim Durchsehen der Abschnitte über manuelle Techniken und Rillblätter zeigt sich gleich eine Fülle von Ideen, die wir jetzt zum Bearbeiten der Oberfläche verwenden können. Wir überziehen beispielsweise die Würfel mit rhythmisch geordneten, gerillten Schraffuren, wobei diese parallel oder nicht parallel zu den Kanten verlaufen können. Vielleicht sind alle Seiten damit überzogen, vielleicht nur einzelne, die damit zu den übrigen Seiten in Kontrast stehen. Die Rillen können grosse oder kleine, regelmässige oder unregelmässige Abstände einhalten, in allen Fällen wird die Struktur ein Mittel sein, den Kubus zu gliedern und zu beleben. Dem betont Kompakten, Klotzigen des Körpers wird entgegengearbeitet, und das feine Spiel von Licht und Schatten wirkt belebend.

Während man sich bei den im Kapitel «Rillblätter» gezeigten Arbeiten in der Ebene bewegt, gehen hier die Muster «um die Ecke», strukturieren nicht

ein flaches Blatt, sondern
überziehen eine räumliche
Form. Alle Seiten, auch die
im Moment dem Blick entzogenen, stehen miteinander in Beziehung und
fordern Beachtung.

196

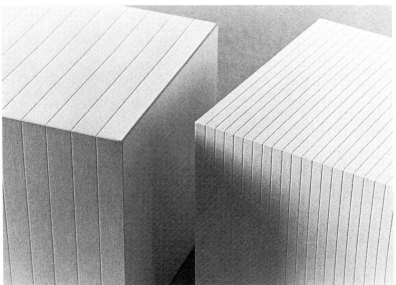

197
Veränderung des Würfels durch Strukturieren seiner Oberfläche. Enge und breite Rillung, unterschiedliche Richtungsbetonung der Flächen, Kontrast zwischen bearbeiteten und noch glatten Flächen sind Mittel, die beachtliche Variationsmöglichkeiten erlauben.

Schräge Rillrichtung und unregelmässiger Rhythmus. Auch die Möglichkeit, ein Muster um die Kanten herum auf benachbarten Seiten weiterzuführen, wird erprobt.

198

Zu den Kanten parallele
und schräge Rillen gliedern
die Oberfläche in Dreiecke
und Parallelogramme mit
feinster Graustufung.

199

Zwei Rillen oder Stufen laufen parallel um den Würfel und bilden ein Band. Rillen nach Methode b.

200

Die feine Stufe, einmal hell, einmal dunkel wirkend, hebt oder senkt die anschliessenden Flächen leicht. Die minimalen Differenzen genügen, um den ganzen Kubus zu beleben.

201

Mischen der zwei vorher angewandten Methoden. Wiederum entsteht ein Band, es ist jedoch durch das Umschlagen der Stufen vom Hellen ins Dunkle oder umgekehrt verunklärt.

202

Gliederung der Würfeloberfläche durch diagonal laufende Stufen mit gleichen Abständen. Rillen nach Methode b.

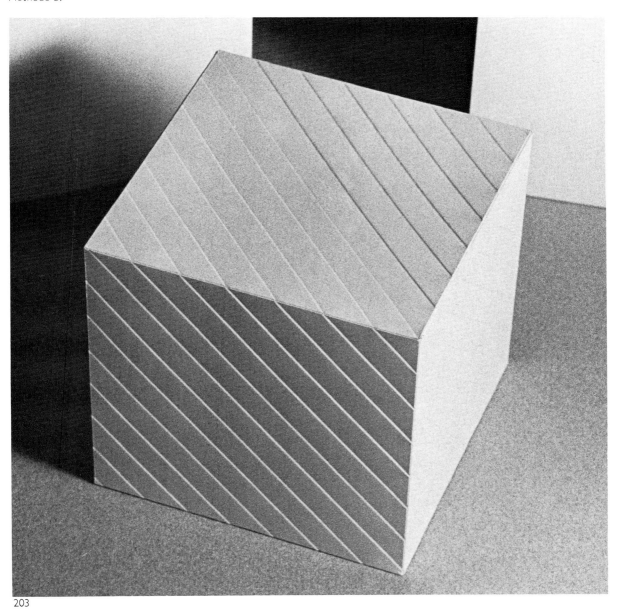

203

Der Karton ist, noch vor dem Zusammenkleben zur Figur, mit scharfem Messer unterschnitten; man denkt an Gefieder oder Schuppen. Kontrast der bearbeiteten und unbearbeiteten Fläche.

DURCHBRECHEN, PERFORIEREN, VERSCHACHTELN

Durchbrechen wir den Papierwürfel, indem wir ihn mit Schlitzen, rechteckigen oder runden Fenstern, Nadel-, Nagel- oder Stanzlöchern versehen, so betonen wir damit seine Leichtigkeit. Wir blicken nun in sein Inneres, spüren die Dünne der Wandung, die Verletzlichkeit des Objekts.

Man könnte die Reihe der Versuche damit beginnen, dass man in die Mitte einer Würfelseite ein einziges Nadelloch sticht. Dies ergibt eine Extremsituation, die nicht ohne Reiz ist. Schon in der Vorstellung hört man das Geräusch im Augenblick des Einstichs, es lässt uns die Beschaffenheit des Gegenstandes auch vom Gehör her wahrnehmen.

Ein grösseres Loch stanzen wir mit Locheisen und Hammer aus (auf zwei Lagen dicker Hart- oder Handpappe; keine federnde Unterlage!). Für Durchmesser von 5 cm und mehr eignet sich ein Schneidezirkel oder, wenn kein solcher erreichbar ist, ein Teller oder Deckel, den man mit scharfer Klinge umfährt.

Das andere Extrem ist erreicht, wenn der kreisförmige Ausschnitt so gross ist, dass die Kanten ihn tangieren und der Würfel in acht Teile zerfällt.

Dasselbe kann man mit quadratischen Ausschnitten versuchen, oder statt einem einzigen Loch könnten aus jeder Seite deren hundert ausgestanzt werden, so

In die Seiten eingeschnittene und leicht aufgebogene Quadrate zerstören die kompakte Form und lassen das bloss Hüllenhafte des Würfelkörpers auch optisch spürbar werden.

nahe beieinander, dass das Ganze eben noch zusammenhält. Man überlege, auf wie viele Arten die hundert Löcher (es müssen nicht unbedingt hundert sein) in einem Quadrat verteilt sein können. Man erinnere sich der Methode, die bei den rhythmischen Studien mit kleinen Quadraten angewendet wurde. Dann könnte auch der Versuch unternommen werden, statt der Seitenflächen einmal Ecken und Kanten zu durchbrechen.

Diese Anregungen, zusammen mit den Abbildungen, mögen genügen, um eine Reihe interessanter Arbeiten entstehen zu lassen.

205

Schmale Einschnitte bis zur Mittelachse gliedern den Kubus. Es deuten sich U-Formen an.

206

Auflösen der kompakten Erscheinung durch Verbreitern der Einschnitte. Ein- und Durchblicke, Hervortreten der U-Formen.

207

Von zwei Gegenecken her stark ausgeschnittener Würfel. Der Ursprung des sechsmal abgewinkelten Balkens ist nicht mehr ohne weiteres zu erkennen.

Bei einem Abdrehen um 90° erhalten wir vom gleichen Objekt einen ganz anderen Eindruck; sogar die Proportionen der Balken scheinen nicht mehr dieselben zu sein.

Blick durch den perforierten Würfel hindurch. Der überraschende Aspekt fordert dazu auf, eine Sache auch von einer ungewöhnlichen Seite zu betrachten und sich nicht mit dem nächstbesten Gesichtspunkt zu begnügen. Man beachte, dass bei der Gestaltung dieser Würfel nicht dekorative Absichten im Vordergrund standen, sondern, wenn man so sagen darf, konstruktive. Den Kubus konstituierende Merkmale werden angegriffen und in extremer Weise verändert. Die dekorative Wirkung ist bloss Folge.

211

Durch die Seitenmitten gehende enge Perforation: Ohne Mühe könnte der Würfel in zwei Hälften getrennt werden.

212

Durchgehend sehr eng gelochter Würfel: fast völliger «Substanzverlust». Formenspiel beim Drehen des Sieb-Würfels im Gegenlicht durch die Überschneidungen der Lochraster.

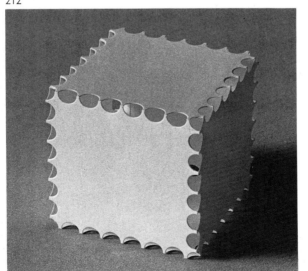

213

Eines der wichtigsten Merkmale des Kubus, die Kanten, fehlt fast völlig. Der Würfel läuft Gefahr, in seine sechs Seiten zu zerfallen.

Sechs ineinander verschachtelte Würfel mit quadratischen Ausschnitten. Reiz des Kulissenhaften, in die Tiefe Führenden.

214

Ein neues Moment: Die kleiner werdenden Ausschnitte verschieben sich von Mal zu Mal, es entsteht eine Drehbewegung, ein Wirbel. Wir finden dieselbe Figur als Flachrelief im Kapitel «Passepartouts».

216

Der Würfel gibt auch ein Beispiel ab, wie aus einer planimetrischen Figur eine räumliche Aufgabe entwickelt werden kann.

215
Die quadratischen Fenster sind übereck gestellt; anstelle des parallelen Rahmens erscheinen Dreieckflächen.

217
Nochmalige Bereicherung des Themas durch Veränderung der Progressionen.

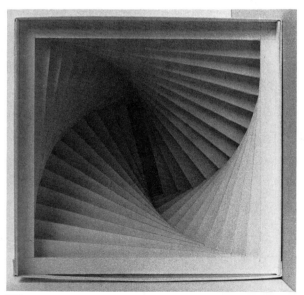

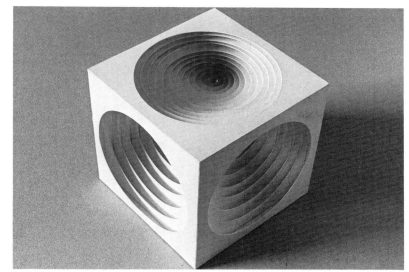

218

Ein Dutzend verschachtelter Kuben mit runden Ausschnitten. Eine neue Möglichkeit erscheint, indem die Würfel lose ineinander liegen und sich durch Schütteln oder Kippen des Ganzen verlagern. Sie wurde für ein Spielobjekt ausgewertet.

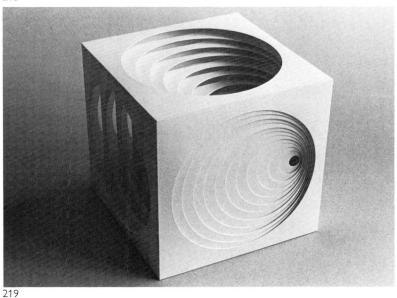

219

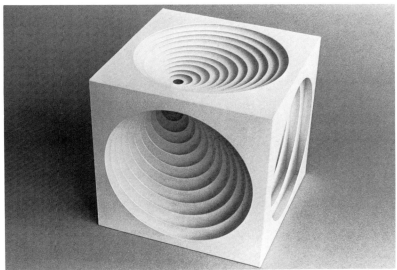

220

FLECHTEN

Auf den ersten Blick vielleicht nicht für jedermann genügend attraktiv, resultieren aus der Beschäftigung mit geflochtenen Würfeln doch interessante Ergebnisse.

Das Flechten eines dreidimensionalen Körpers ist schwieriger, dafür aber kurzweiliger als das Flechten in der Fläche, wie es im Kapitel «Manuelle Bearbeitungsarten» beschrieben wurde. Es braucht ein gutes Mass an Konzentration und Sorgfalt, um einen Würfel, wie er auf Abb. 221 zu sehen ist, ohne unfreiwillige Knicke tadellos auszuführen. Und tadellos muss er sein, wenn das Spiel der hellen und dunklen Schnittkanten und der Flächen voll zur Geltung kommen soll.

Im Ganzen ist dieses Kapitel ein Beispiel dafür, wie ein Thema durch Vereinfachung anstatt durch Differenzierung der Ausgangsfigur fruchtbar gemacht werden kann.

Aus achtzehn Streifen geflochtener Würfel. Die Strukturierung der Oberfläche ist hier eine direkte Folge der Herstellungsart.
221

Jeder Streifen wird durch einen Klebfalz zu einem Viereck geschlossen.
222

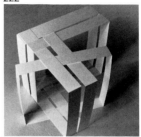

223
Die Arbeit im vorgeschrittenen Stadium. In der dritten Richtung müssen die Streifen noch eingeflochten werden.

Gewinn durch Vereinfachung. Der aus nur sechs Streifen geflochtene Würfel im Bau. Die drei Elemente ergeben primitive, aber anregende räumliche Situationen.

224

Der Würfel aus sechs Streifen im fertigen Zustand; jede Seitenfläche ist ein nuancenreiches Flachrelief.

225

Grösstmögliche Reduktion des Flechtsystems: Drei Streifen bilden je einen Würfelmantel. Nebeneinander gestellt sind sie eine bildliche Darstellung der drei Raumrichtungen.

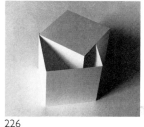

226

Ineinander verhängt können die auf zwei Seiten offenen kubischen Gebilde zu einem Würfel zusammengeschoben werden.

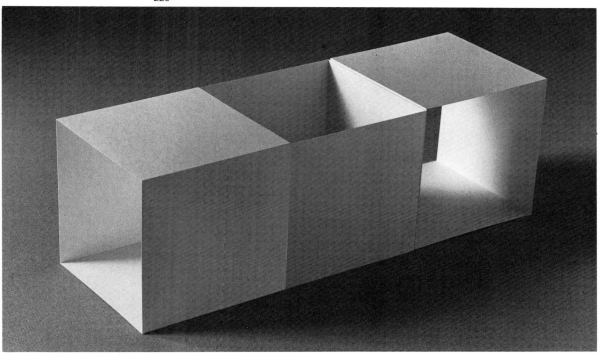

227

Aus acht Streifen diagonal geflochtener Würfel. Was nicht ohne weiteres verständlich ist: Seine sämtlichen Bänder sind gleich lang und gleich gefaltet.

Aus vier Bändern diagonal geflochtener Würfel. 229.
Der Würfel oben in aufgelöstem Zustand. Man beachte die Klebfälze. 230.

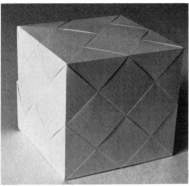

228

229

230

Einzelner Streifen des Würfels in geschlossenem Zustand (233) und räumliche Figuren aus vier dieser Elemente.

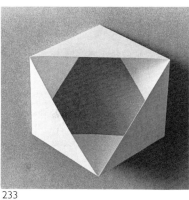

233

231

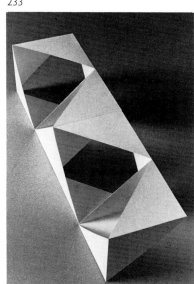

234

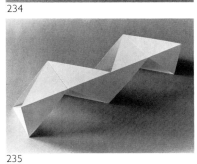

235

232

ABSTUMPFEN DER ECKEN UND KANTEN

Am Würfel fällt schon die geringste Unregelmässigkeit auf. Eine nur leicht schiefstehende Fläche wird sofort wahrgenommen, weil sie die an sich vollkommene Form des Würfels stört oder zerstört. Dasselbe ist der Fall, wenn wir eine seiner Ecken abstumpfen: Er fällt aus dem Gleichgewicht, und die entstandene Dreieckfläche, so klein sie sein mag, zieht die Aufmerksamkeit auf sich. Wenn sie aber genau regulär ist, wie wir annehmen, kann der Würfel auf ihr stehen und hat so ein neues Gleichgewicht gefunden. Eine der Raumdiagonalen verbindet dann als senkrechte Mittelachse den Mittelpunkt des Dreiecks mit der obersten Ecke. Der so balancierende Körper bietet einen ungewohnten Anblick, er hat etwas Artistisches an sich.

Die Ebene, in der das kleine Dreieck liegt, kann, vorerst einmal nur gedacht, gegen die Würfelmitte verschoben werden, bis die Dreieckseiten mit den Diagonalen der drei angeschnittenen Würfelseiten zusammenfallen. Verfährt man mit der körperdiagonal gegenüberliegenden Ecke ebenso, erhält man ein scheinbar schiefes Oktaeder, das, auf die eine der beiden Schnittflächen gelegt, sich als symmetrisches Gebilde mit einem Band von sechs Halbquadraten zeigt. Werden vier Ecken auf die Art abgestumpft, wie es Abb. 239 zeigt, so entsteht im End-

Der an einer Ecke abgestumpfte Würfel ist nicht mehr vollständig, und sein Gleichgewicht ist gestört. Die Verletzung bedeutet aber auch Bereicherung, erhöhte Spannung und Anregung.

Auf die Dreieckfläche gestellt, findet der Kubus ein neues Gleichgewicht, sozusagen eine neue Existenzweise.

ergebnis ein reguläres Tetraeder.

Solche Erörterungen sollen für uns nicht Theorie sein, sie würden sonst kaum fesseln. Wir möchten hier von neuem dazu auffordern, über die pure Tatsächlichkeit des Gesagten hinaus immer auch das Besondere, sozusagen Individuelle zu erfahren und zu erfassen, das eine jede geometrische Figur mehr oder weniger besitzt. Wenn das nicht der Fall ist, bleibt unsere Arbeit kalt und leblos.

Jedes Polyeder ist für ein waches Auge und Empfinden selbstverständlich immer mehr als die Summe seiner Flächen, Kanten und Ecken. Nicht dass wir der rein mathematischen Anschauungsweise eine «mystische» oder symbolische überstülpen möchten, doch wollen wir einen Ausgleich anstreben und uns bemühen, die bildhaften, plastischen Qualitäten der geometrischen Formen stärker zu betonen, als es im allgemeinen der Fall ist. Innerhalb der Sache kann es ja keinen Konflikt geben, ist doch das tastbare, ästhetisch bewertbare geometrische Gebilde nichts anderes als der Form gewordene mathematische Inhalt.

236

237

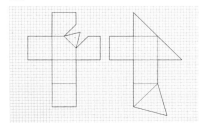

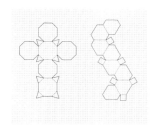

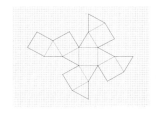

Auf gleiche Art wie die vorangehenden, jedoch an allen Kanten abgestumpfte Kuben; zugleich sind es Durchdringungsfiguren aus Würfeln und kubischen Oktaedern.

238

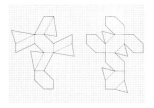

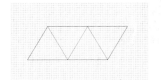

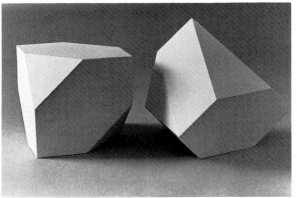

Würfel, an denen zwei Paar flächendiagonal gegenüberliegende Ecken abgestumpft sind. Beim einen ergeben sich reguläre, beim anderen längliche symmetrische Schnittflächen. Von den Seitenflächen bleiben Sechsecke beziehungsweise Parallelogramme übrig.

239

Abwicklung der Figur links auf Abb. 239.

240

Es soll an dieser Stelle noch auf eine besondere Möglichkeit, stereometrische Figuren zu deuten, hingewiesen werden. Man denke sich z. B. die Ebene, in der das vorhin besprochene gleichseitige Dreieck liegt, ebenfalls die Ebenen, zu denen die sechs Seitenflächen des Würfels gehören, wie diese Ebenen also sich ins Unbegrenzte ausdehnen (Ebenen sind unbegrenzt): Unser abgestumpfter Würfel ist jetzt nichts anderes mehr als der unendlich klein erscheinende Ort, in welchem sich sieben Ebenen in bestimmter Weise schneiden, und seine Kanten sind kleinste Strecken der sich endlos fortsetzenden Schnittgeraden. Dieser Aspekt, richtig begriffen, kann das Erleben stereometrischer Gebilde beeinflussen: Es ist eine wesentlich andere Sache, ob wir z. B. das zunehmende Abstumpfen eines Würfels nur als einen Arbeitsvorgang am materiell begrenzten Objekt empfinden, oder ob wir die Veränderung in grösseren Zusammenhängen begreifen.

Um zu unserem speziellen Problem zurückzukehren: Die Entdeckung, dass durch Abstumpfen von vier Ecken ein Hexaeder in ein Tetraeder verwandelt werden kann, brachte den Gedanken, diese Veränderung in mehreren Phasen darzustellen. Das führte zu einer Folge von zunehmend abgestumpften Kuben, die ihrerseits zum Bau einer Stele (Abb. 241) anregte. Da ihre Form nicht ganz befriedigte, wurde eine spiegelbildliche Verdoppelung versucht. Das daraus entstandene Objekt ist der vorläufige Schlusspunkt dieser Arbeiten, wenn man von der verpackten Stele (Abb. 244) absehen will, die ein zu neuen Versuchen anregendes, quadratisches Relief darstellt.

Das eben besprochene Polyeder kann so verändert werden, dass die vier dreieckigen Schnittflächen sich vergrössern oder verkleinern, d.h. dem Würfelmittelpunkt nähern oder

241

sich von ihm entfernen. Im ersten Fall erscheint als Endstadium ein reguläres Tetraeder. Dieser Übergang vom Würfel zum Tetraeder ist hier in zwölf Phasen dargestellt, die Einzelkörper sind zu einer Stele gestapelt.

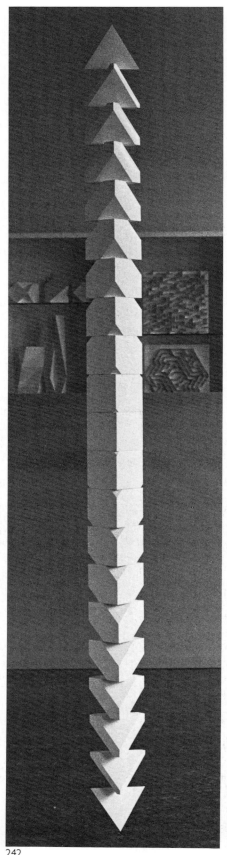 

Spiegelbildliche Verdoppelung der vorher gezeigten Stele in zwei Ansichten. Das Objekt, jetzt einheitlicher und spannungsreicher wirkend, ist gleichsam ein nach den beiden Enden hin zunehmend eingekerbter Vierkantstab. 242–243.

Die Säule ist zerlegt und verpackt. Teilstücke zu vier und fünf Körpern sind starr miteinander verleimt, durch das Ganze führt ein Faden, an dem es aufgehängt werden kann. Auch in dieser Form ist die Stele reizvoll, sie könnte zu Relieffiguren von ähnlicher Form anregen. 244.

Detailaufnahmen des unteren und oberen Endes der Stele. 245–246

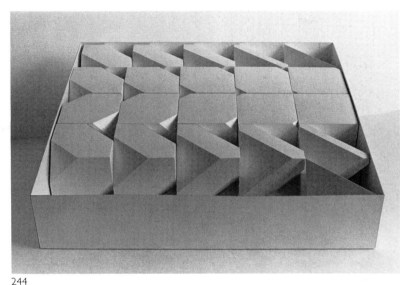

244

245

246

Wenn wir nun von hier auf die Ausgangsfigur blicken, sind wir über den zurückgelegten Weg überrascht: Der Würfel mit der abgestumpften Ecke am Anfang führte ohne Umweg zur Doppelstele auf Seite 156. Nicht Theoretisieren oder Brüten haben zu diesen Resultaten geführt, sondern einfühlendes, aufmerksames Arbeiten und einfaches sachbezogenes Nachdenken.

Ein weiterer Gedanke musste während dieser Arbeit fast zwangsläufig auftauchen: Könnten solche Verwandlungen stereometrischer Körper nicht auch gefilmt werden? Der Zeitlupenfilm kann den Flügelschlag des Vogels in einzelne Phasen zerlegen. So könnten wir durch Aufnehmen von Einzelfiguren die stufenweisen Verwandlungen eines Polyeders in kontinuierlichen Szenen sichtbar machen. Abgesehen von der wesentlichsten Arbeit des Filmens selbst wären dafür Hunderte, wenn nicht Tausende von präzisen Papierfiguren anzufertigen.

Dass es, ausser den hier besprochenen, noch viele andere, z. B. auch asymmetrische Möglichkeiten gibt, Kuben zu ent-ecken, ist klar. Auch das Abstumpfen der Kanten müsste interessante Ergebnisse zeitigen. Die beiden Verfahren gehen ineinander über, wie die Figur rechts auf Abb. 239 beweist.

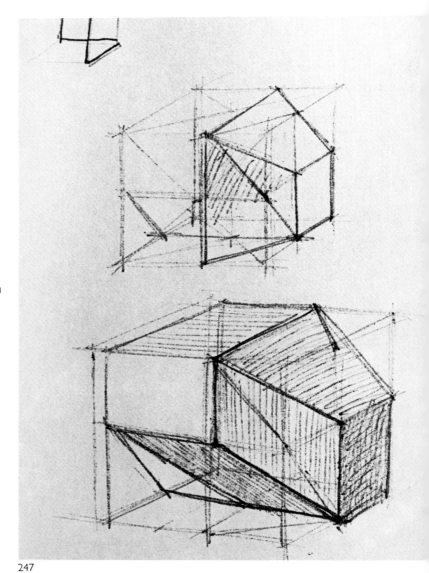

247

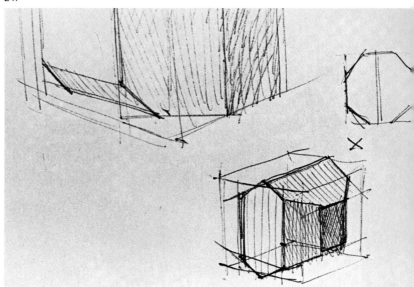

248

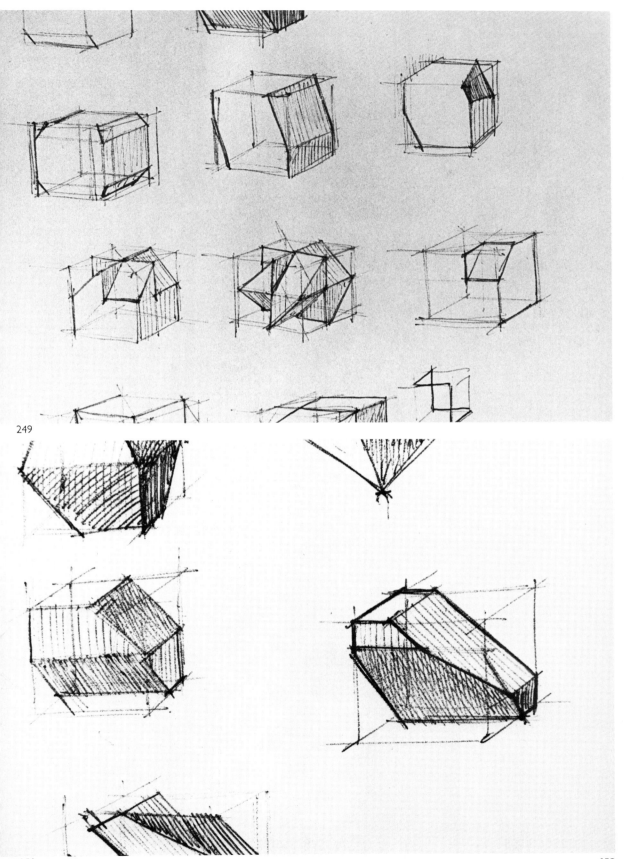

WÜRFEL-GLIEDERUNGEN

Die kreuzförmige Abwicklung eines Würfels (wie üblich 10 cm Kantenlänge) wird vor dem Zusammenkleben nach dem Schema I gerillt und vorgefaltet. Das technische Vorgehen ist im Abschnitt «Halbregelmässige Faltungen» genau beschrieben. Ein Offsetkarton von 180 gm² Gewicht wird sich dafür eignen. Um die Nachgiebigkeit des geschlossenen Würfels zu gewährleisten, werden die Klebfälze in den Kantenmitten durch einen Ausschnitt von mindestens 90° unterbrochen. Ein Druck mit dem Daumen auf eine der Kantenmitten lässt diese dann mit einer Schnappbewegung einspringen, daneben buchtet sich der Körper unter den entstehenden Spannungen aus. Auf diese Weise können beliebig viele Kanten eingedrückt werden, z.B. vier, paarweise und wechselseitig. Es entsteht die formal interessante und spannungsreiche Figur 253. Die separate Ausführung im Vordergrund ist geritzt und die unnötigen Falten wurden weggelassen.

Bei Figur 254 sind alle zwölf Kanten eingedrückt. Es entsteht annähernd ein sternförmiger Körper, der für das Auge keine Verwandtschaft mehr mit dem Würfel hat. Aus den Würfelecken sind die Pyramidenspitzen geworden. Unter den Pyramiden, aus deren gedachten Grundflächen bestehend, liegt ein regelmässiger Körper aus acht gleichseitigen Dreiecken, ein Oktaeder also. Andere noch differenziertere Gebilde lassen sich finden, wenn der Würfel nach dem Schema II gerillt wird. Besondere Aufmerksamkeit verdient Figur 256 mit ihren abgeflachten Kanten, die eine Übergangsform bildet zwischen dem Würfel und dem vorher besprochenen Sternkörper. Sie brachte uns auf den Gedanken, eine Verwandlungsreihe in vier Figuren zu erarbeiten. Figur 256 entspricht darin der zweiten Figur von rechts. Eine neue Möglichkeit ergibt sich durch Einstülpen der Pyramiden, es entsteht die Figurenfolge auf Abb. 257. Bei der Figur links aussen kann man nicht mehr von Körper sprechen, sie besteht aus drei sich durchdringenden quadratischen Flächen, deren Kanten mit denen des vorher erwähnten Oktaeders übereinstimmen. Die zweite Figur von rechts zeigt ihre Beschaffenheit deutlich. Sie besteht aus achtzehn Quadratflächen und acht einwärtsstehenden Pyramiden. Alle diese vielfältigen, anregenden, vom ästhetischen wie geometrischen Gesichtspunkt aus interessanten Gebilde stammen also vom gerillten Würfel der Abb. 251 ab.

Die Figuren auf den Abb. 255 und 257 wurden, ohne die überflüssigen Falten, in Ritztechnik aufgrund des beweglichen Modellwürfels hergestellt.

Die folgenden Fotos zeigen freier modellierte Formen. Sie lassen ihre Ableitung aus dem Würfel nur noch zum Teil erkennen. Zum Wiederherausziehen eingebuchteter Formen verwendet man eine sehr spitze Nadel.

Die Gesetzmässigkeit des zugrundegelegten Rillschemas überträgt sich auch auf die räumliche Form und wirkt harmonisierend auf alle Verformungen, die ohne Gewaltanwendung möglich sind. Man vergleiche dazu den Text zum Kapitel «Halbregelmässige Faltungen» auf Seite 116. Die weiteren Würfelgliederungen, Abb. 266–300, sind soweit nötig in den Legenden erklärt.

Durchgängig gerillter, noch nicht deformierter Würfel. Er könnte auch im Kapitel «Strukturieren der Oberfläche» seinen Platz haben.

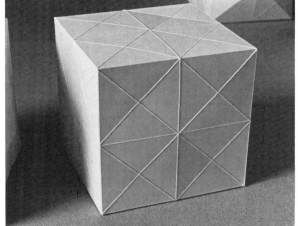
251

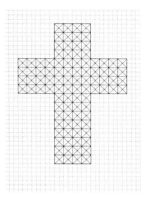

Ein Druck auf die Mitte einer Kante lässt diese einspringen, die benachbarten Seiten buchten sich aus.

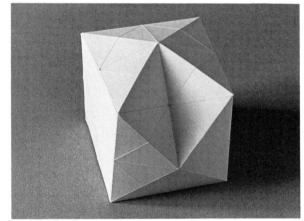
252

Die Zeichnungen zeigen die zwei Arten systematischer Rillung, die bei den folgenden Arbeiten angewandt werden.

Vier in bestimmter Weise eingedrückte Kanten lassen eine Körperform entstehen, die den Würfel vergessen lässt. Eindeutige rhythmische Gliederung des Volumens. Der Körper links ist dem anderen nachgebaut, jedoch ohne die überflüssigen Rillen.

253

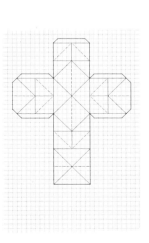

161

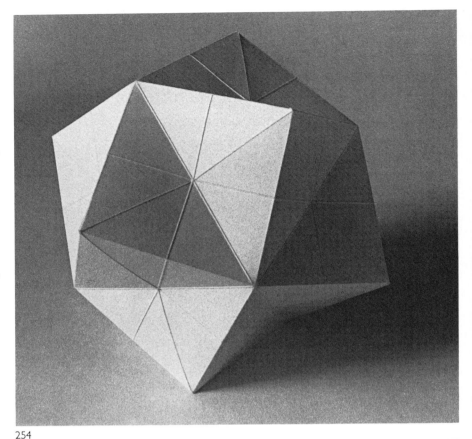

Lässt man sämtliche Kanten des Würfels einspringen, entsteht eine Sternform. Die dreieckigen, nur gedachten Grundflächen der Spitzen oder Pyramiden bilden ein reguläres Oktaeder. 254.

Würfel mit enger Rillung und regelmässiger Deformation, der sich als Bestandteil einer möglichen Figurenfolge zwischen dem Würfel und der erwähnten Sternform erweist. 256.

254

Verwandlung eines Würfels in einen Stern: Figurenfolge, die durch die beiden Körper oben angeregt wurde. 255.

Aus den gleichen Abwicklungen ist die Figurenfolge rechts entstanden, nur sind diesmal sämtliche Pyramiden nach innen gestossen. 257.

255

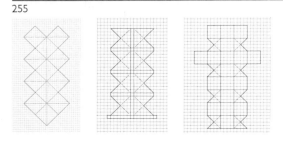

256

257

258

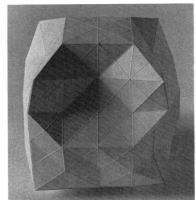

260

261

262

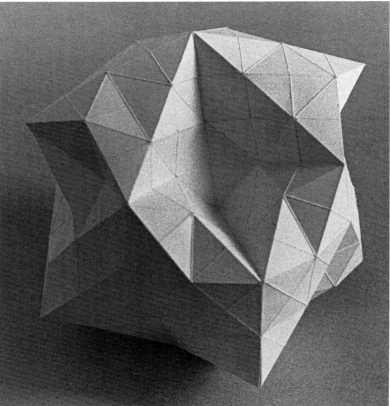

259

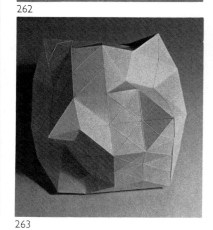

263

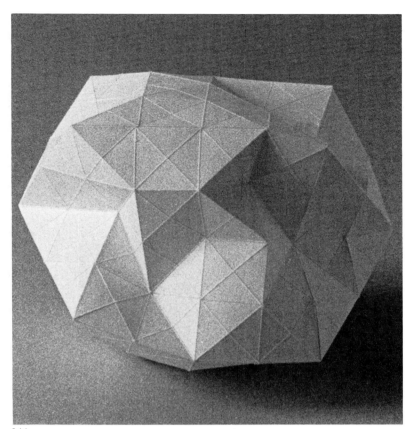

Acht mit dem engeren Rillennetz versehene, verschiedenartig verformte Kuben. Bei der anregenden Beschäftigung des Modellierens wird Gewolltes und Zufälliges durch die Gesetzmässigkeit des Dreieckrasters harmonisiert. Das Wiederherausholen einzelner Partien wird mit einer sehr spitzen Nadel bewerkstelligt.

264

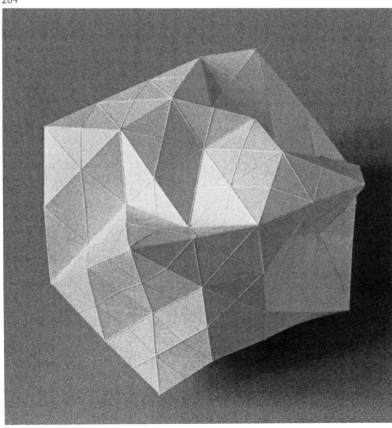

265

266

Der eingeschnittene Würfel und die Zeichnung darunter sollen deutlich machen, in welcher Weise das kubische Raumgitter zur Findung von Formen, wie sie auf der gegenüberliegenden Seite zu sehen sind, als Grundlage dient. Es ergeben sich innerhalb dieses Systems nicht nur viele, sondern unabsehbar viele mögliche Figuren von verwandtem Charakter, allen ist das geschnitten Klare, Kristalline eigen.

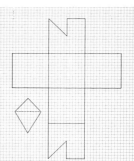

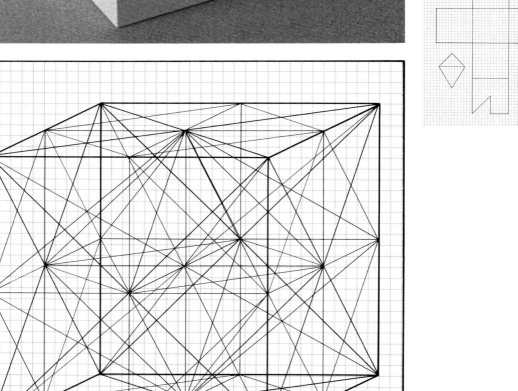

166

267

268

Gerade bei dieser Aufgabe können Einfälle in Menge kommen, mehr oder weniger klar formulierte. Um Vorstellungen festzuhalten, zu klären und abzuwandeln, können zeichnerische Mittel oft die geeigneten sein. Im rechten Moment aber wechsle man wieder über zur plastischen Arbeit. Die Bilder zeigen Ausschnitte aus Skizzenblättern zum Thema Würfelgliederung.

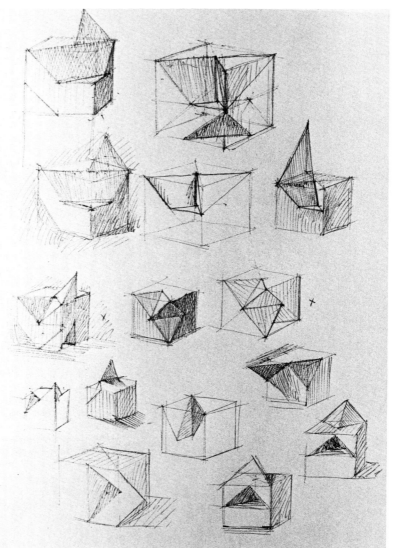

269

271

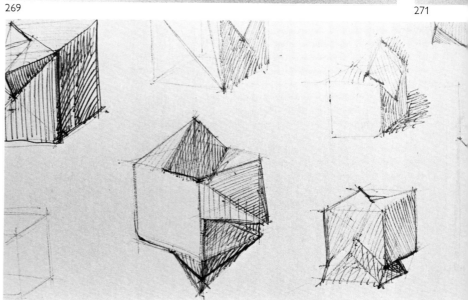

270

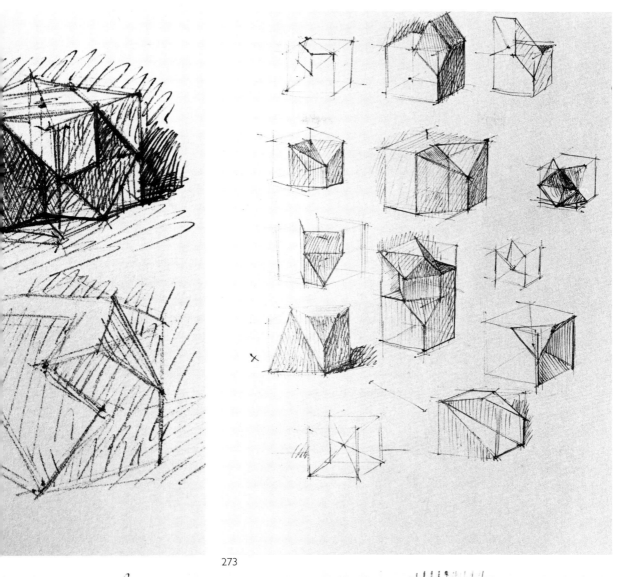

273

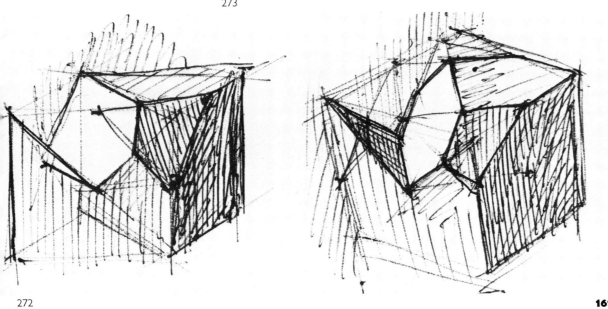

272

Während der Arbeit an den einzelnen Körpern musste auffallen, dass diese sich leicht zu grösseren Komplexen verbinden lassen. Es ist fast unausweichlich, dass man an einem gewissen Punkt anfängt, mit ihnen Kombinationen zu versuchen, denn überall ergeben sich die einzelnen Figuren übergreifende Formzusammenhänge.

274

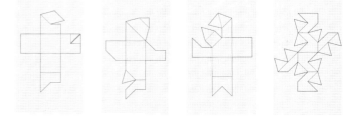

Wie hier mit vier, so könnten mit sechzehn, sechsunddreissig oder mehr Elementen Versuche gemacht werden. Je komplexer das Gebilde wird, desto schwerer ist es zu überblicken und zu beurteilen. Die Arbeit muss aber für das Auge kontrollierbar bleiben, alles andere führt zu ungefähren Resultaten.

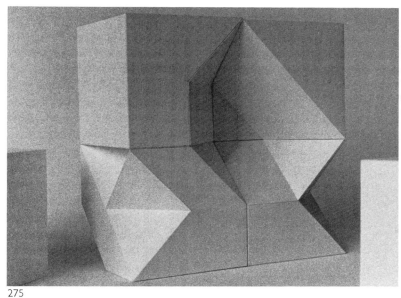

275

277

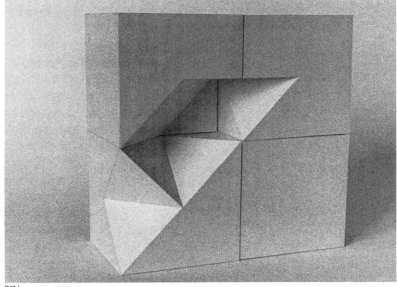

276

278

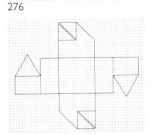

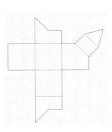

Wenn der erste Gedanke der ist, die Seitenflächen eines Würfels so auszubuchten, dass sie flachere oder steilere vierseitige Pyramiden bilden, so ist der zweite auch bald da, nämlich die Flächen auf die gleiche Weise einzubuchten. Die beiden Methoden können in einem Körper gemischt vorkommen, z. B. so, dass zwei gegenüberliegende Seiten konvex, die restlichen vier konkav sind oder umgekehrt, oder so, dass drei Seiten mit gemeinsamer Ecke konvex sind, die restlichen konkav. 279–280.

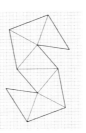

Zwei zusammengeschobene Stelen aus Einzelkörpern, von unten nach oben zunehmend aus- und eingebuchtet. Die obersten zwei sind im Stadium des rhombischen Dodekaeders. 281.

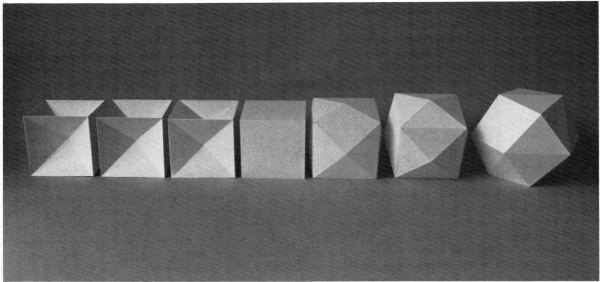

279

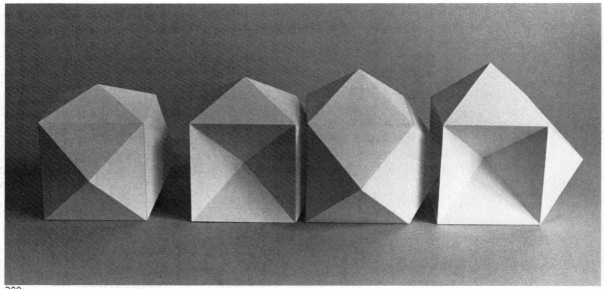

280

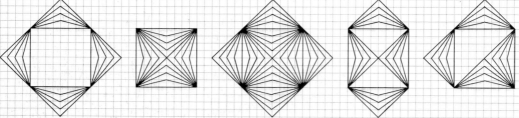

Eine Folgerung aus den vorangegangenen Arbeiten ist diese von zwei Seiten gesehene Stele.

282

283

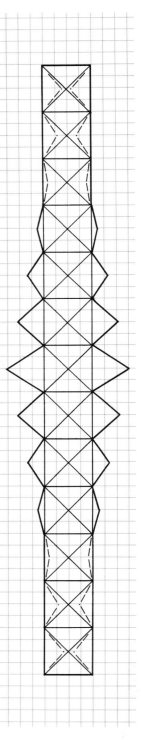

Stele aus schwarzem Karton mit vor- und einspringenden Pyramiden in sechs Situationen. Mitunter tritt, je nach Lichteinfall, der plastische Eindruck zugunsten einer flächigen Wirkung zurück.

285

288

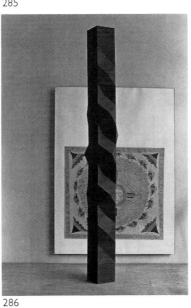

286

289

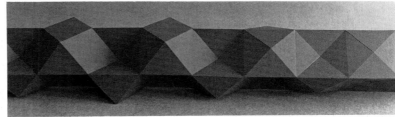

284 287 **175**

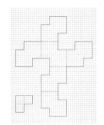 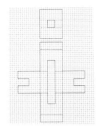

Figur links: Vier aus den Ecken eines Würfels herausgenommene Würfel lassen eine Durchdringungsfigur aus vier kleineren Würfeln entstehen.
Figur rechts: Gliederung durch zwei senkrecht zueinander stehende Nuten. 290.

Figur links: der vorher besprochene Würfel in anderer Ansicht.
Figur rechts: Variante, bei der sich die Nuten zu schmalen Einschnitten verengen. Man betrachte aber nicht nur die Einschnitte, sondern versuche, die Bewegung zu sehen, die durch diese Einschnitte entsteht. 291.

Kuboktaeder mit zwei Varianten. Bei der mittleren treten an die Stelle der Dreiecksseiten, bei jener rechts an die Stelle der Quadratseiten einspringende Pyramiden. 292.

Zwei Nuten treffen sich in einer Mittelebene des Würfels und bilden ein Fenster. Es bleiben vier im Schnitt quadratische Balken. 293.

Abwicklung der obern Figur. 294.

Das Polyeder befindet sich in ähnlicher Form bereits im Kapitel «Abstumpfen des Würfels». Im Unterschied dazu sind hier die Dreiecksseiten pyramidenförmig eingebrochen, so dass sich die Parallelogramme greifbar herausarbeiten. 295.

Würfel, an denen zwei Gegenecken bis zu den Flächendiagonalen ein- und wieder herausgestülpt sind. 296.

290

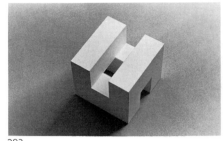

293

291

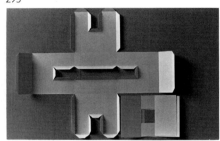

294

292

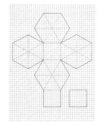 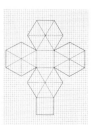

176

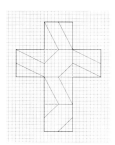

295

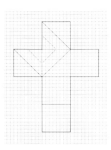

296

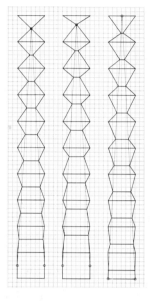

Stapelung von zehn zunehmend eingeschnürten Würfeln; der oberste davon zerfällt in zwei Pyramiden. Varianten dieser Stele sind z.B. durch veränderte Progression oder spiegelbildliche Verdoppelung nach unten zu erreichen. 297.

Das Prinzip der Veränderung: Einschnürung in einer der Hauptebenen. 298.

Gliederung des Kubus durch Herausschneiden von acht gleichen Dreikantprismen, darunter voller Würfel in entsprechender Grösse. Die Figur kann auch als aus vier doppelt abgeschrägten Quadern entstanden gedacht werden. 300.

297

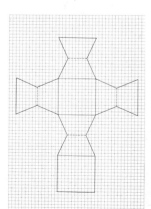

298

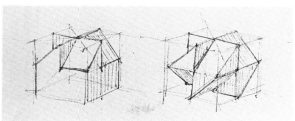

299

300

ABSCHRÄGEN

301

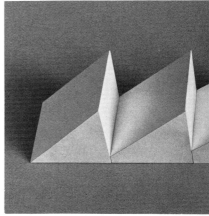

302

303

Die obere Zeichnung stellt eine Folge von zunehmend abgeschrägten Kuben in einer einzigen schematischen Figur dar.

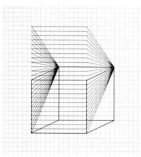

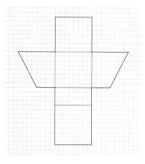

Voller und leicht abgeschrägter Würfel. 301.

Figurenfolge von leicht bis stark abgeschrägten Kuben. 302.

Satz von neun abgedachten Würfeln, in einer Schachtel vereinigt. Es ergibt sich ein Spiel von mehr oder weniger stark geneigten Rechtecken, die beliebig verändert werden können durch Versetzen und Abdrehen der Körper. 303.

Drei verschiedene Anordnungen von sechzehn gleichmässig abgeschrägten Würfeln. Das Objekt, eigentlich ein Kombinationsspiel, bietet eine grosse Anzahl verschiedener Lösungen, d. h. Organisationsmöglichkeiten der sechzehn Körper.

304

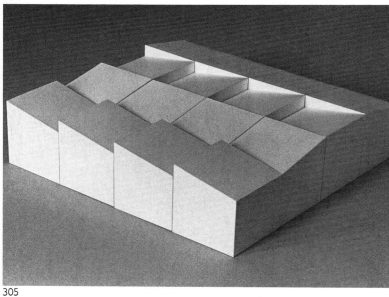

305

306

Diese in zwei sehr verschiedenen Ansichten gezeigte Arbeit, die eine Bewegung des Umschlagens ausführt, ist zusätzlich hell-dunkel gestaltet. Sie soll die Aufmerksamkeit auf ein neues Experimentierfeld lenken, nämlich das der Beeinflussung stereometrischer Figuren durch grafische oder farbliche Mittel.

Im Schwarz tritt das Körperhafte zurück, um die Bewegung der Flächenfolge hervorzuheben. Das harte Schwarzweiss drängt nun auch das Objekt als Ganzes etwas in die Fläche zurück, in den Bereich des Grafischen, was sich je nach Blickwinkel und Beleuchtung mehr oder weniger deutlich zeigt.

307

Rein formal handelt es sich um eine Erweiterung der ersten Aufgabe des Kapitels. Die spiegelbildliche Verdoppelung der dort verwendeten abgeschrägten Kuben wird beim Betrachten der nebenstehenden Zeichnung sofort begriffen.

308

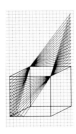

Diesmal bildet eine Quadratdiagonale die Drehachse der schräggestellten Flächen, was die Zeichnung deutlich macht.

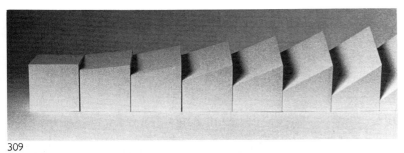

309

310

311
Folge der sechzehn abgestuften Figuren, in gerader Linie und im Quadrat angeordnet.

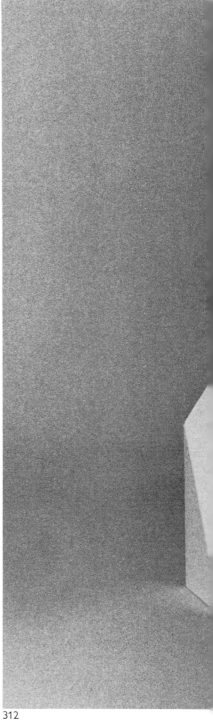

312
Einzelkörper, die rhombische Fläche unten angeschnitten.

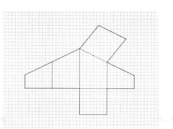

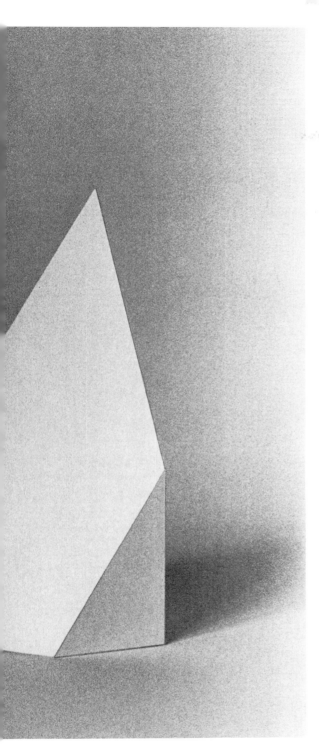

313

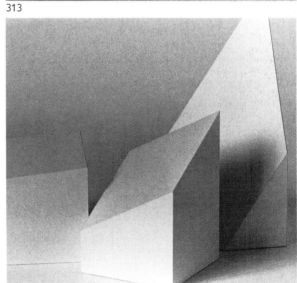

314
Der auf seine schräge Fläche gestellte Körper erweckt den Eindruck einer im Wasser schwimmenden Schachtel, da die Tendenz besteht, das zum Quader fehlende Stück in der Vorstellung zu ergänzen.

Dreiergruppe von Kuben mit schräggestellten Deckflächen.

VERWINDEN

Wir beobachten vorerst bloss eine Art «Aus-den-Fugen-Geraten» des so zuverlässigen Gebildes Würfel. Die vier senkrechten Kanten stellen sich ein wenig schräg, die zwischen ihnen liegenden quadratischen Seiten «brechen» diagonal, die Deckfläche wird leicht abgedreht. Ein noch annähernd kubisches Gebilde ist entstanden, das als Illustration des Begriffs «Verdrehen» aufgefasst werden könnte.

Die Bewegung hat ihren Endpunkt dann, wenn die Diagonalbrüche im Mittelpunkt der Figur aneinanderstossen, zugleich hat die Deckfläche dann eine Drehung von 90° beschrieben.

Da hier eine regelmässig verändernde Figurenfolge sich nicht mehr durch einfache Konstruktion mit Massstab und Zirkel verwirklichen liess, wurde die Arbeit des Errechnens der notwendigen Daten einem Computer übertragen, der dazu gleich noch eine perspektivische Ansicht der Körper zeichnete.

	Grad der Verwindung	Länge der Diagonalfalten	Länge der schiefen Kanten
1	0°	14.142	10.000
2	10°	14.743	10.076
3	20°	15.304	10.297
4	30°	15.811	10.649
5	40°	16.257	11.108
6	50°	16.631	11.650
7	60°	16.929	12.247
8	70°	17.146	12.876
9	80°	17.277	13.514
10	90°	17.321	14.142

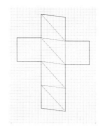

Allmähliches Abweichen von der Grundform des Würfels.

315

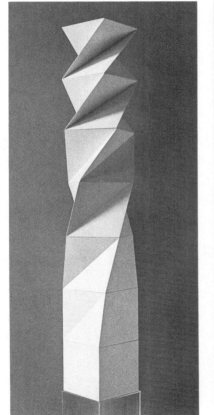

Stele aus gestapelten, zunehmend stärker verdrehten Würfeln, von zwei Seiten gesehen.

316 317

Bewegung der Stele durch zunehmende und wieder abnehmende Verwindung. Abschlussquadrate unten und oben sind nicht unbedingt nötig, erhöhen aber die Stabilität der Figur und unterstützen die geschlossene, körperhafte Erscheinung.

Stele aus sechs gleichen Stufen, eine leicht gebrochene Schraubenlinie beschreibend. Die Bewegung, die sich im Einzelkörper andeutet, wird hier ausgesprochener.

318

319

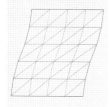

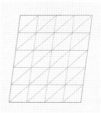

Stele aus fünf abwechselnd nach links und rechts verdrehten Elementen. Durch die technisch-manuell gesehen geringfügige Veränderung entsteht ein sich von den beiden vorangehenden stark unterscheidendes Gebilde. Es beschreibt eine ruckweise, zickzack aufwärtsstrebende Bewegung. Die Stele könnte variiert werden, indem z. B. sämtliche nach links drehenden Stufen flacher, die anderen steiler gehalten würden.

Weitere Varianten erhalten wir durch andere Rhythmen. Wenn bei der letzten Figur der Takt 1, 2, 1, 2 angewendet wurde, gilt bei diesen beiden Stelen der Takt 1, 1, 2, 1, 1, 2 usf. Von den beiden im Prinzip gleichen Figuren zeigt diejenige links durch ihre stärkere Drehung eine beinah barocke Bewegtheit.

320

321

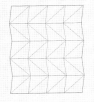

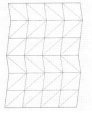

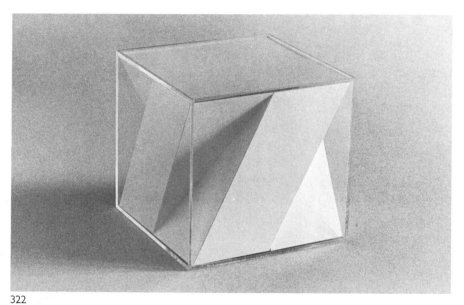

322

Bei jeder der vier senkrechten Kanten fehlt ein Stück in der Form eines Tetraeders; Boden wie Deckfläche des Würfels bleiben intakt und in ihrer Lage unverändert. Die einspringenden diagonalen Kanten verbinden diesmal nicht die Ecken, sondern die Kantenmitten. Die negativen Formen wirken wie herausgesägt oder eingeschliffen. Bestimmend für den Eindruck sind auch die vier schmalen Parallelogramme als Überreste der Seitenflächen.

Unten finden wir die Abwicklung des Körpers, auf der rechten Seite einige Vorschläge zur Erweiterung des Themas.

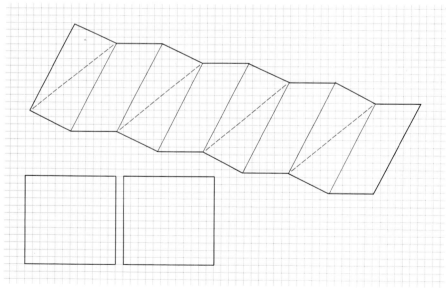

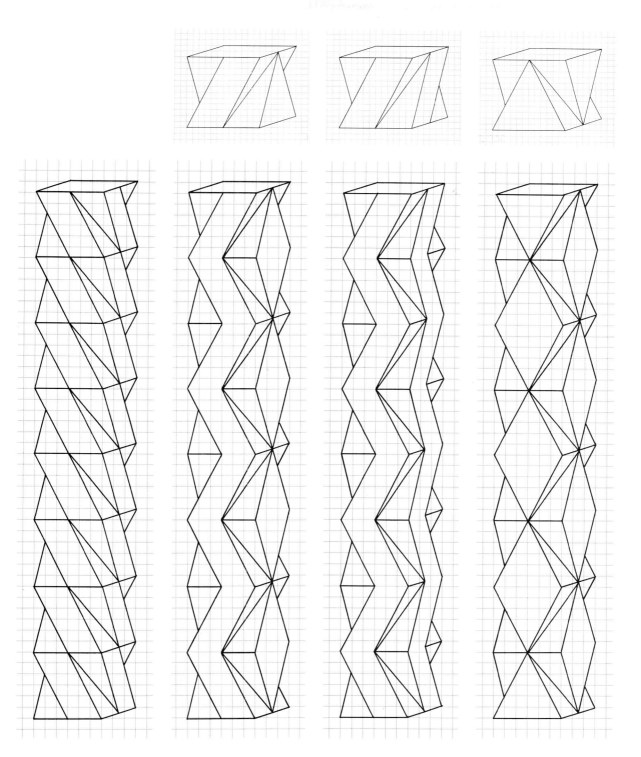

STAUCHEN

Dem Verwinden verwandt ist das Stauchen. Wie es sich dort nicht um ein eigentliches Verdrehen gehandelt hat, sondern bloss um Formen, die das Verwinden nachahmen, wird auch das Stauchen hier «nur» konstruiert. Ebenfalls wie dort verändern sich vier von den sechs Seitenflächen des Würfels, wobei der Flächeninhalt der variablen Seiten in der Summe unverändert derjenige der vier Quadratseiten bleibt.

Zwei Gegenseiten des Kubus knicken in der Mitte einwärts, die zwei andern nach aussen, vier Kanten brechen in der Mitte und werden länger. Die Formen können sich auch hier leicht bis extrem stark vom Würfel entfernen. Die Transformation ist an ihrem Endpunkt, wenn die beiden längeren, einspringenden Kanten ineinsfallen und einen Winkel von 90° beschreiben. Die Figur ist nun völlig zusammengeklappt.

Anders verhält es sich, wenn die vier Kanten nochmals verlängert werden. Dann bilden sich im Endstadium zwei durch ein Scharnier miteinander verbundene Fünfflächner. Werden sie mit den Quadratseiten so aufeinandergelegt, dass je eine Trapezfläche mit je einer Dreieckfläche in die gleiche Ebene zu liegen kommt, entsteht ein Tetraeder.

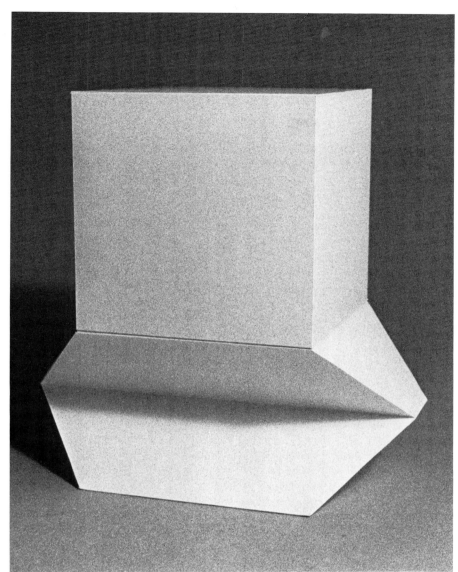

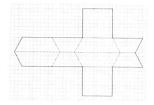

Intakter und gestauchter Würfel. Der untere scheint vom Gewicht des oberen zusammengedrückt zu werden. 323.

Vier stärker und weniger stark gestauchte Kuben. 324.

Gestauchte Vierkantstele in zwei Ansichten, unten ihre Abwicklung. Man kann sie sich in elf Kuben zerlegt vorstellen, die gegen die Mitte zunehmend deformiert sind. Die Abwicklung besitzt als gewölbte und strukturierte Fläche eigenen Reiz. Man beachte die Klebfälze. Quadratische Boden- und Deckfläche sind separat zugeschnitten und nicht abgebildet. Die Stele ist aus Offsetkarton, geritzt. 325–327.

Aus Einzelkörpern aufgebaute Figur. 328.

Stele aus fünf ungleichen Elementen. Dadurch, dass jedes zweite um 90° abgedreht wurde, gehen die Seitenflächen ineinander über, es entsteht ein völlig anderer Formverlauf. 329.

325

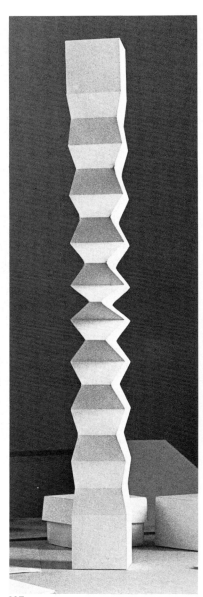

327

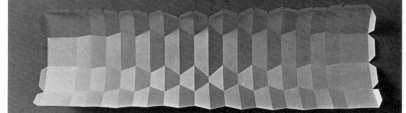

326

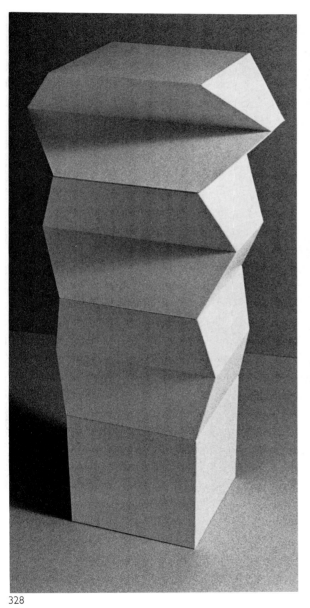

328

329

DER UMFALLENDE WÜRFEL

Der Würfel rechts auf dem ersten Bild (genau genommen ist es schon kein Würfel mehr) scheint im Begriff umzufallen. Die vier ursprünglich senkrechten Kanten stehen leicht schräg, zwei Seiten werden rhombisch, die ganze Figur stellt die Situation der Unsicherheit, des Wankens dar. Das fällt um so mehr auf, als daneben der Gegensatz des intakten Würfels in seiner ganzen Unverrückbarkeit und Starrheit zu sehen ist.

Theoretisch sind gegenüber dem Kubus bloss kleine Differenzen an Flächen und Winkeln festzustellen, geringfügige graduelle Veränderungen. Aber das menschliche Auge nimmt anderes wahr und mehr, nämlich Veränderung der Gestalt und des Ausdrucks. So hängt es in hohem Grade von der Lebhaftigkeit und Intensität des Schauens und Auffassens ab, ob solche Versuche für den Einzelnen interessant und fruchtbar zu werden vermögen oder nicht.

Solche Formen erfordern Identifikation, ein Sichhineinversetzen, ein Mitvollziehen ihrer Bewegung, um sie zu erspüren und stark zu empfinden. Es handelt sich dabei nicht um Magie, sondern um die Aktivierung wertvoller Anlagen, die nur allzu oft verkümmern und daher unverfügbar geworden sind. Hier muss auch ins Spiel kommen, was man gemeinhin als Phantasie bezeichnet.

Aus dem primitiven Einfall, einen Würfel schrägzustellen, resultieren die folgenden Seiten. Im ersten Bild wird die Bewegung bloss angedeutet, sie kann in einer Anzahl aufeinanderfolgender Figuren weitergeführt werden (Abb. 331). Die rhombischen Seitenflächen, die ganzen Figuren werden immer schmäler, bis, in der Endphase, nur noch ein auf der Bodenebene liegendes Rechteck von der Grösse zweier Quadratseiten übrigbleibt. Das Volumen ist auf Null gesunken, wir haben die Verwandlung eines Würfels in ein Rechteck, eines Körpers in eine Flächenfigur mitverfolgt.

Leicht schräger Würfel. Vier Seiten bleiben quadratisch, zwei werden zu Parallelogrammen. Die Folgerungen, die aus dieser einfachen Figur gezogen werden können, sind ihr nicht ohne weiteres anzusehen.

Die Zeichnung veranschaulicht schematisch an neun übereinandergezeichneten Abwicklungen die Bewegung des umfallenden Würfels. In der letzten Phase wird der Körper zur Fläche, zu einem auf der Bodenebene liegenden Rechteck.

330

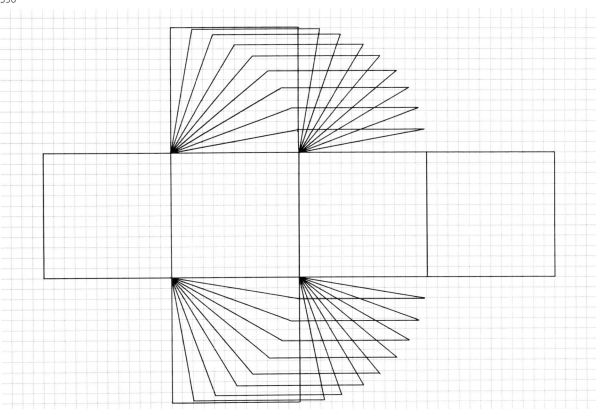

331

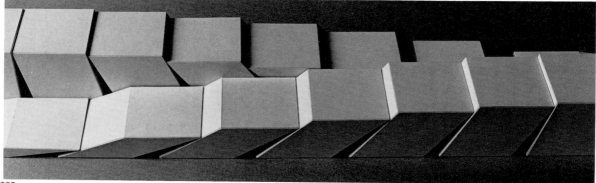

332

Verwandlungsreihe in acht Phasen, links der Würfel. Die Endfigur rechts ist weggelassen, weil sie kein Volumen besitzt. 331.

Zwei gleiche Figurenfolgen in gegenläufiger Bewegung; sie veranschaulichen den Vorgang des Umfallens. 332.

333

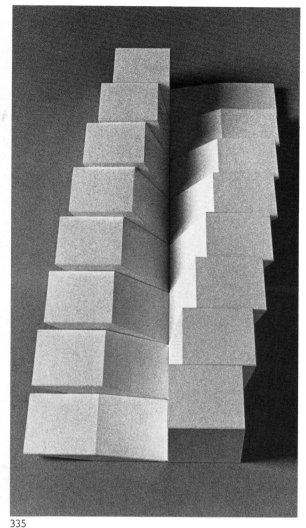

335

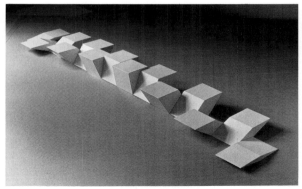

334

333
Die beiden Figurenfolgen sind so zusammengestellt, dass eine Bewegung des Umschlagens um 180° entsteht. 333.

334
Gegenüber der einheitlichen Bewegung oben entsteht durch Umkehren jeder zweiten Figur ein hektisches Hin und Her. 334.

336
Doppelte Figurenfolge mit Bewegung des Umschlagens. 335.

Figur 335 in waagrechter Richtung aufgenommen. 336.

201

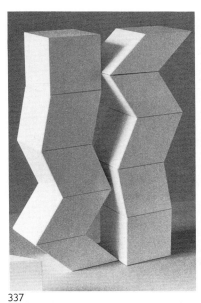

337

338

339

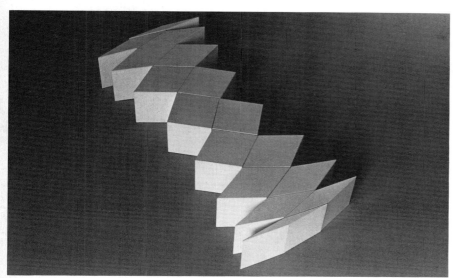

Die Elemente haben eine geringe Sandfüllung, welche erlaubt, ihr Schwergewicht nach Bedarf zu verlagern; sie lassen sich deshalb auch in ungewohnter Art stapeln. 337–339.

Die beiden identischen Figurenfolgen lassen sich auf drei Arten lückenlos zusammenschliessen. 340–342.

340

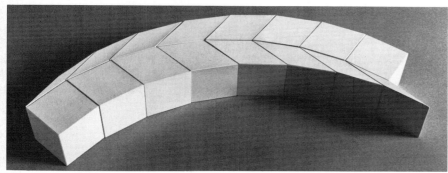

341

342

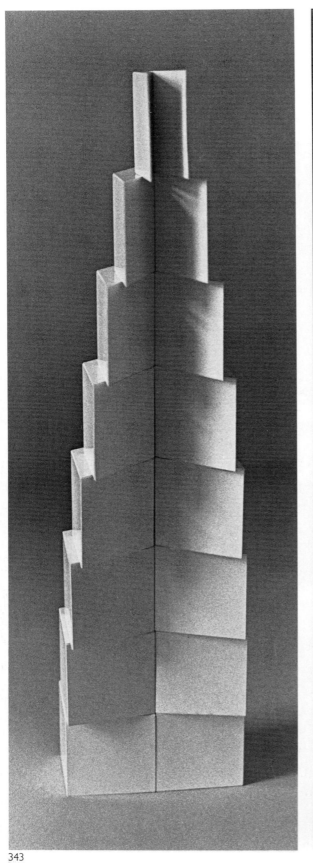
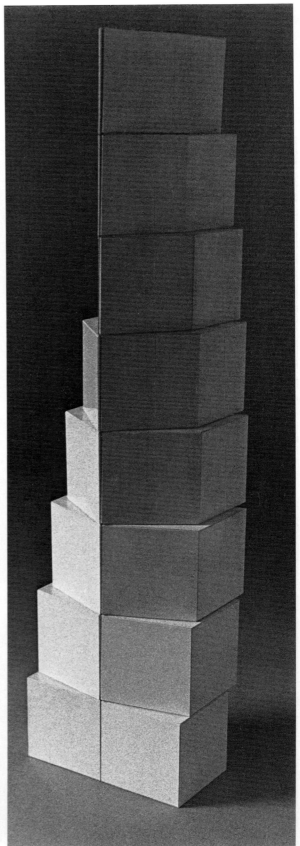

343

344

345

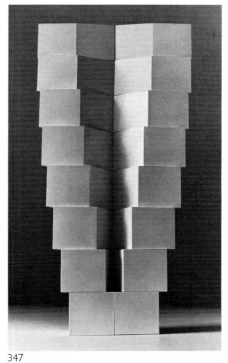

347

Komposition mit den Elementen der Doppelreihe, Ansichten von Vorder- und Rückseite. 343–344.

Ansichten ein und derselben Figur. Man könnte sie als einen von oben bis unten aufgespaltenen Quader beschreiben. 345–347.

Asymmetrische Variante der vorangehenden Figuren. 348.

346

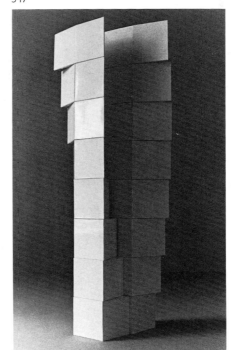

348

Drei Ansichten der selben, eine zweifache Bewegung ausführenden Komposition. Die Elemente halten sich dank der Sandfüllung in ihrer Lage.

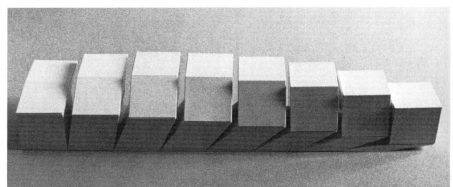

349

350

351

352

Illusionsperspektive. Sämtliche Elemente – es sind diejenigen auf Abb. 331 – liegen auf der gleichen Grundflächenebene. Da die deformierten Kuben die Tendenz haben, sich als intakte und bloss perspektivisch verzeichnete zu präsentieren, verwirrt sich für das Auge die an sich einfache Situation, die Grundfläche scheint stark gekrümmt. Nur der Körper zuhinterst rechts ist in Wirklichkeit ein Würfel.

353

Bis hieher handelte es sich nur um in paralleler Richtung (zu einem Seitenflächenpaar) umfallende Würfel. Die nebenstehende Abbildung zeigt einen in diagonaler Richtung umfallenden. Er ist in einer raumdiagonalen Richtung verzogen, alle sechs Quadratflächen sind jetzt gleichmässig rhombisch.

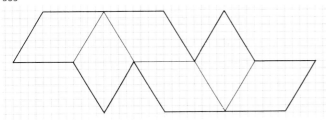

WÜRFELDURCHDRINGUNGEN

Was im ebenen Bereich die Überschneidung bedeutet, ist im Räumlichen die Durchdringung. Das heisst in unserem Fall: zwei Würfel haben nicht nur Flächenkontakt, vielmehr dringt ein kleinerer oder grösserer Teil eines jeden in den anderen ein. Eine solche Situation würde ganz sichtbar sein, wenn sie z. B. in Acrylglas ausgeführt wäre. Bei unseren Papierkörpern rechnen wir jedoch nur mit dem, was von den zwei sich durchdringenden Figuren als Oberfläche sichtbar bleibt.

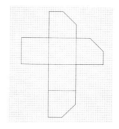

354

Auf Bild 237 rechts im Hintergrund sehen wir einen Würfel, dessen eine Ecke bis zu den Flächendiagonalen abgestumpft ist. Zwei solche Figuren, mit den regulären Dreieckflächen aufeinandergeklebt, ergeben die mittlere Würfeldurchdringung auf nebenstehendem Bild. Je eine Raumdiagonale beider Würfel gehen ineinander über, liegen in einer Geraden. Ein paralleles Auseinanderziehen der Würfel in Richtung der Raumdiagonalen ergibt die Durchdringungsfigur links, ein entsprechendes Zusammenstossen jene rechts. Solch ausführlichere Erklärungen wollen nicht etwa an Stelle des Betrachtens, des eindringlichen Studiums der Formen treten. Das eine wird das andere unterstützen, und je nach Art des Interesses wird man den Akzent auf dieses oder jenes setzen. 354.

Abwicklung der Figur rechts auf Abbildung oben in zwei Teilen. Sie überrascht durch ihre Radformen, die kaum an Würfel denken lassen. 355.

355

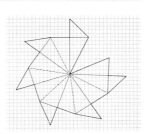

209

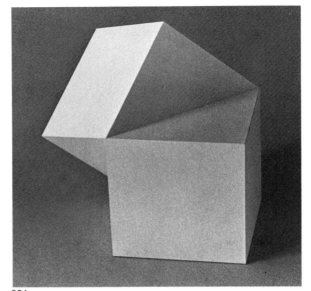

356

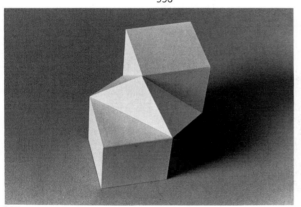

357

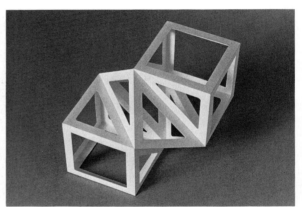

359

358

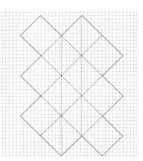

360

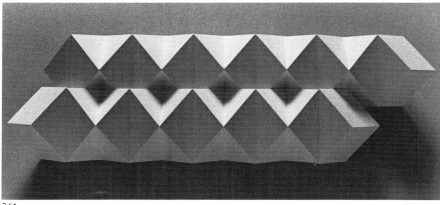

361

362

Die erste im Kapitel «Würfeldurchdringung» beschriebene Figur gilt auch für diese Gruppe als Ausgangspunkt; sie steht daher zum Vergleich nochmals, in etwas veränderter Ansicht, auf dieser Seite. 356.
Statt zwei durchdringen sich jetzt drei Kuben in gerader Linie. Aus dieser Figur wird sich das Kapitel «Eine Würfeldurchdringung als Bauelement» entwickeln. 357.
In der Abwicklung zeigt sich der mittlere Würfel nur als eingeschobenes Band aus sechs Halbquadraten. 358.
Wenn, bei einer Kantenlänge von 10 cm, alle Flächen bis auf etwa 1 cm an die Ritzlinien herausgeschnitten werden, bleibt ein Balkengerüst der Durchdringungsfigur. Diese Möglichkeit kann natürlich bei andern Figuren ebensogut ausgenützt werden. 359.
Durch «Einschieben» beliebig vieler «Bänder» entstehen Abwicklungen zu Würfeldurchdringungen aus beliebig vielen Kuben. 360.
Besondere Beleuchtung lässt anstelle klarer räumlicher Formen eine mehr flächige, dekorative Wirkung in den Vordergrund treten. Man beachte auch, wie die beiden Figuren ineinanderpassen. 361.
Zwei Beispiele einer Veränderung der Durchdringungsform aus drei Kuben durch Verbreitern des Dreieckgürtels in der Mitte. Diese Möglichkeit gewinnt Bedeutung bei einer Verwendung der Figur als Bauelement. Man vergleiche dazu auch das Kapitel «Raumgitter aus Oktaedern und Kuboktaedern». 362.

363

364

365

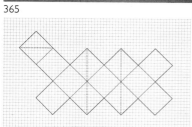

212

366

367

Durchdringungsfiguren aus zwei, drei und fünf Kuben; die Ausgangsform ist wiederum die uns bekannte. Im Gegensatz zu den letzten gruppieren sich die Würfel um einen Kernwürfel. 363.

Würfeldurchdringung aus drei Kuben. 364.

Durchdringung von fünf Kuben. Die sechs einspringenden Kanten entsprechen denen eines Tetraeders und sind zugleich Flächendiagonalen des nur gedachten fünften Würfels. 365.

Sich in gerader Linie durchdringende Kuben. Von den Figuren auf Seite 211 unterscheidet sich diese prinzipiell nur dadurch, dass sie stärker auseinandergezogen ist, also dass der Einzelwürfel im Verhältnis zum Ganzen deutlicher hervortritt. 366.

Die zwei Ansichten derselben Durchdringungsfigur zeigen zwei sehr verschiedene Zustände: einen strengen, symmetrischen, statischen und einen bewegten, equilibristischen. 367–368.

Die vier Würfel der Figur 365 sind in Richtung der Raumdiagonalen des fünften, zentralen Würfels, der nun sichtbar wird, auseinandergezogen. Man vergleiche sie mit der Figur links auf Abb. 354. 369.

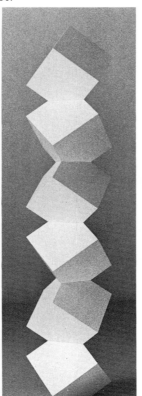

368

369

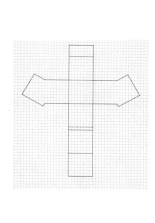

370

371

372

373

374

Eine Würfeldurchdringung aus zwei Würfeln in doppelter Ausführung, dazu fünfzehn ausgewählte Kombinationen. Oft verschmelzen die beiden Elemente so zu einer einzigen Form, dass sie das Auge nicht mehr ohne weiteres auseinanderhalten kann. Einige Zusammenfügungen haben den Charakter plastischer Signete. Die Kombinationsmöglichkeiten, die mit diesen fünfzehn Beispielen nur angedeutet werden, sind sehr zahlreich. Man betrachte und beurteile.

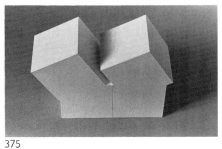

375

378

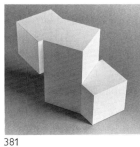

381

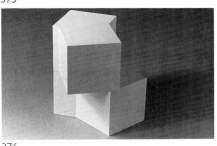

376

379

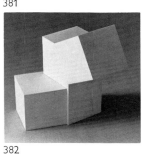

382

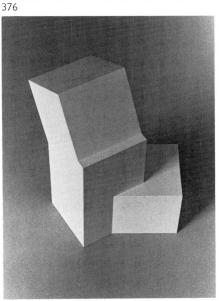

377

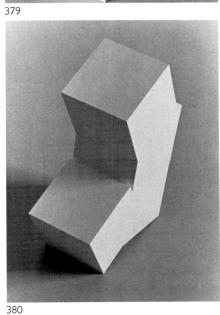

380

383

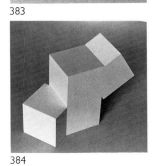

384

385

WÜRFELTEILUNGEN

Unter Würfelteilungen verstehen wir Zerlegungen nach geometrischen Gesichtspunkten in zwei oder mehr Teile. Wie wir durch additives Verfahren, durch Aneinanderfügen oder durch gegenseitiges Durchdringen neue Formen finden können, entstehen hier solche umgekehrt durch Teilung eines Körpers. Dabei sind nicht vor allem die gefundenen Einzelformen das Wesentliche, sondern die Negativräume, die entstehen, wenn wir einen Würfel Stück für Stück abbauen, ein Element nach dem andern aus dem Ganzen herauslösen. Oft auch verleiten die Elemente dazu, sie neu und anders zusammenzufügen, sie somit als Baukastenteile zu behandeln.

Das Ausdenken und Finden von interessanten Würfelteilungen ist eine ausgezeichnete Schulung des Vorstellungsvermögens. Wenn nötig kann als Hilfe für den Anfang wiederum das Raumgitter auf Seite 166 dienen. Man stelle sich im Geist in dieses Gerüst hinein, lasse alle möglichen Formen entstehen und halte sie skizzenhaft fest. Oder man suche die grundlegenden Halbierungsmöglichkeiten des Hexaeders und führe sie aus, vorerst die zu den Würfelflächen parallelen, dann die diagonalen. Weitere Lösungen ergeben sich aus diesen Halbierungen ohne Mühe, indem die Hälften wiederum aufgeteilt werden. Es ist allerdings nicht die Mei-

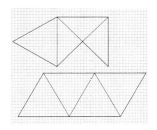

Teilung eines Würfels in das ihm einbeschriebene Tetraeder und die vier restlichen Pyramiden. Die Zeichnung der Tetraederabwicklung findet man im Kapitel «Abstumpfen der Ecken und Kanten», jene der Restpyramiden auf dieser Seite oben.

Die Würfelteilungen sind einerseits Untersuchungen über die stereometrische Struktur des Hexaeders, anderseits kubische Baukästchen, die uns das Vergnügen des Zerlegens verschaffen und das grössere Vergnügen, die Teile wieder zu einem Ganzen zu fügen.

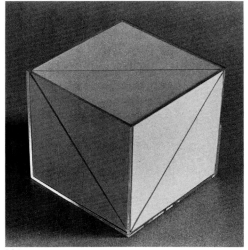

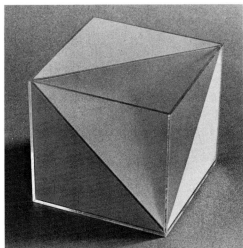

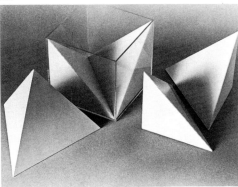

nung, dass ausgesprochen komplizierte Lösungen anzustreben seien. Wenn mit der zunehmenden Kompliziertheit des Gefüges die Arbeit nicht auch formal interessanter wird, bleibt das Unternehmen sinnlos, und man kehrt dann besser zu einfacheren Möglichkeiten zurück. Das Ziel ist ja nicht, ein besonders kniffliges Puzzle auszuklügeln, sondern Beziehungen von Formen zu studieren. Bei diesem Studium freilich mag es spielerisch zugehen, das Vergnügen darf dabei nicht fehlen. Eine Sache wird ja nicht dann erst zu einer ernsthaften, wenn keine Lust mehr daran vorhanden ist.

Skizzieren mit Bleistift wird hier gute Hilfe leisten, man bleibe aber nicht zu lange dabei stehen, gehe vielmehr bald zum plastischen Arbeiten über.

Den in diesem Abschnitt behandelten Arbeiten liegen zum Teil die genau gleichen geometrischen Probleme zugrunde wie denjenigen des Kapitels «Flächen und Körper im Würfelraum». Man vergleiche z. B. die Figur 428 mit 479 und beobachte, wie sie trotz dieser Gleichheit grundverschieden in ihrer Erscheinung sind. Was bei dem einen Körper, ist bei dem andern Zwischenraum. Solche Sachverhalte sollen möglichst deutlich wahrgenommen werden, denn wir haben es hier nicht mit Abstraktionen zu tun, es geht nicht um Punkte und Linien, sondern um Ecken,

Drei untereinander parallele Ebenen durchschneiden den Würfel und teilen ihn in zweimal zwei gleiche Teile, die Schnittflächen sind regulär drei- oder sechseckig. 389–392.

389

390

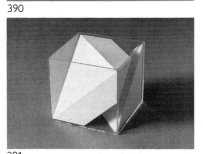

391

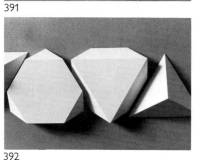

392

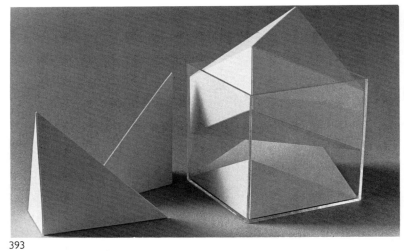

393

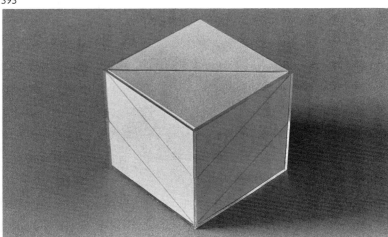

394

395

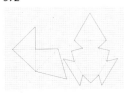
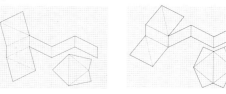

Achtflächner als Kernstück und vier tetraedrische Ergänzungsteile. 393–394.

Würfelteilung aus einem achtflächigen Hauptteil und zwei gleichen siebenflächigen Ergänzungsteilen. Sie ist mit der vorhergehenden Arbeit eng verwandt. 395.

Teilung des Kubus in zwei spiegelgleiche Hälften, dazu sieben Zusammenstellungen, zum Teil mit vier Würfelhälften. 396–403.

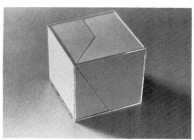

396

397

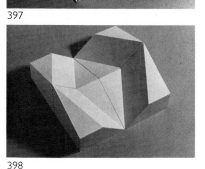

398

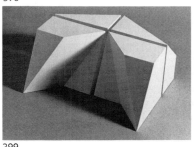

399

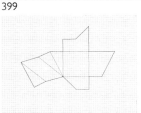

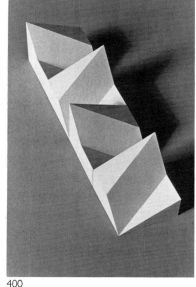

400

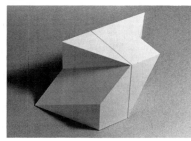

401

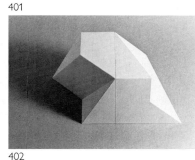

402

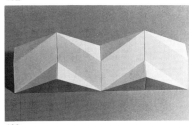

403

Kanten, Flächen und Körper aus Papier, also um sehr greifbare Dinge. Man sei sich über die Mittel, mit denen man arbeitet, im klaren. Schon die erste Würfelteilung, die aus einem Tetraeder und vier dreiseitigen Pyramiden besteht, bietet Überraschungen. Nicht jedermann ist imstande, ohne Umschweife die Teile, von denen man übrigens nicht denkt, dass sie alle in ihrer Schachtel Platz finden, wieder richtig zusammenzustellen.

Vor allem nun erfreut und interessiert der sich bei diesem Tun verändernde Hohlraum. Damit diese Veränderungen ungehindert verfolgt und beobachtet werden können, soll die Schachtel, in die man die Würfelteile einräumt, transparent sein. Wir verwendeten dafür 2 mm starkes Plexiglas.

Würfelhalbierung mit mehrfach gebrochener Teilungsfläche; auf der Zeichnung erscheint diese als Vierstern. Die Abbildungen zeigen den Vollwürfel und vier ausgewählte Zusammenstellungen der beiden

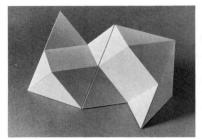

404

408

405

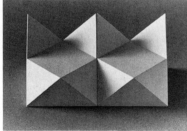

406

407

Halbteile. Die zusätzlich gross abgebildete Figur wird in einem späteren Kapitel nochmals erscheinen und zum Ausgangspunkt einer kleinen Versuchsreihe werden.

409

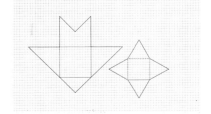

220

Jede senkrechte Bildreihe behandelt gesondert eine Würfelteilung mit einigen Kombinationen ihrer Elemente. Man frage sich, inwieweit jeweils die an der Würfeloberfläche erscheinenden Schnittkanten auf die innere Struktur der Teilung schliessen lassen.

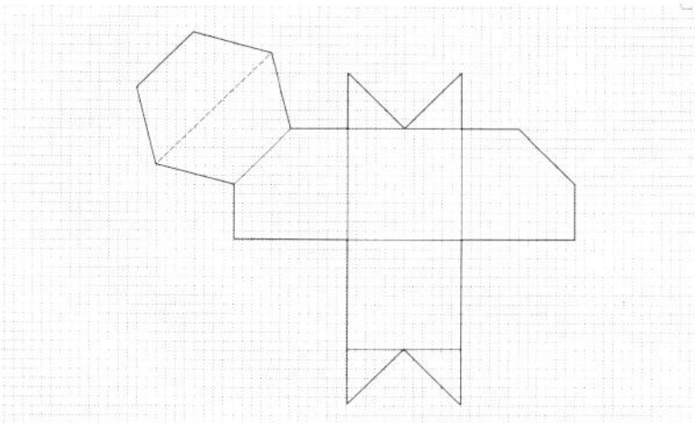

413

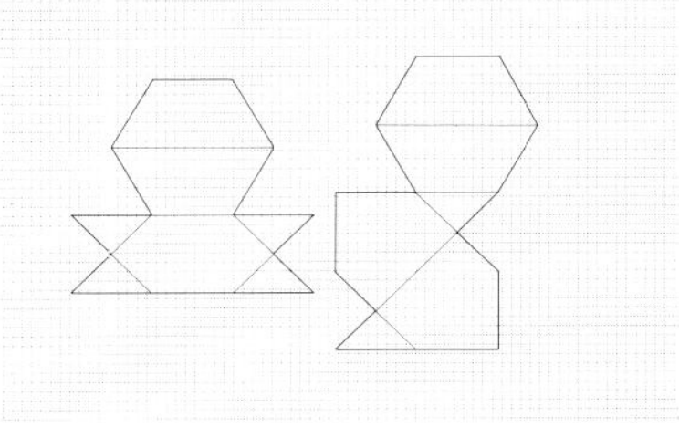

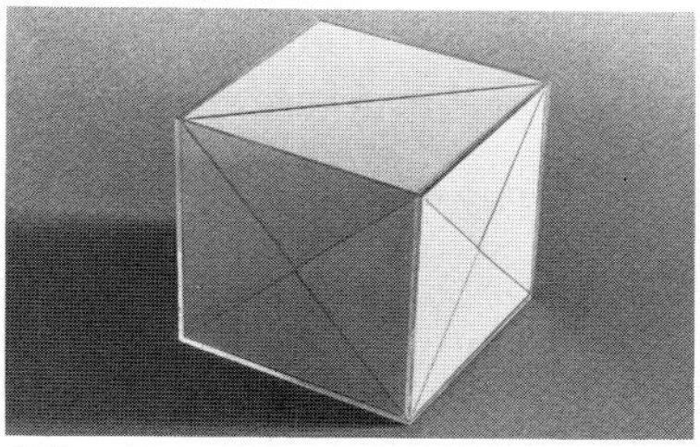

418

410

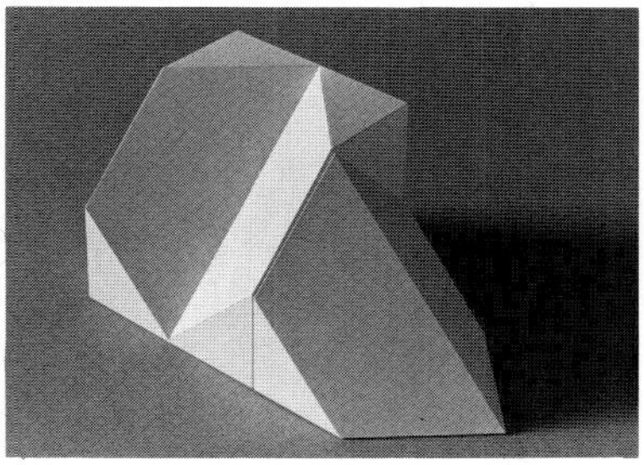

414

419

411

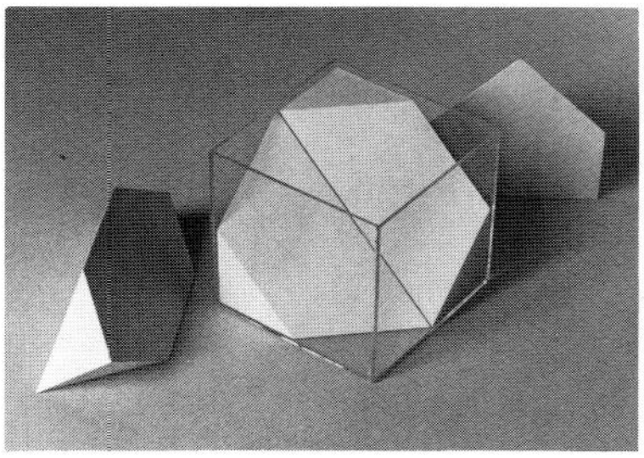

415

420

412

416

421

417

422

221

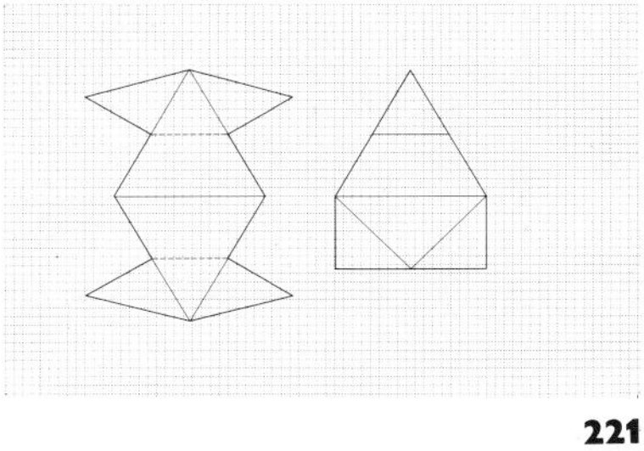

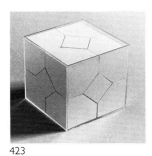
423

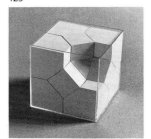
424

425

426

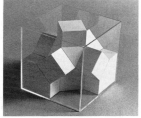
427

428

429

Den Kern dieser Würfel-
teilung konzentrischen
Charakters bildet ein
Kuboktaeder mit sechs an
die Quadratseiten ange-
bauten Quadern. Acht
gleiche zehnflächige Polyeder ergänzen ihn zu einem

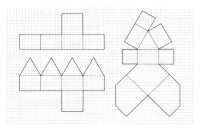

430

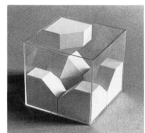

432

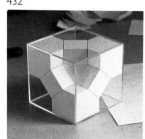

433

434

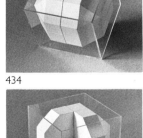

435

431

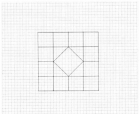

436

vollen Würfel. Die vierzehn Abbildungen wollen die Vielfalt der Zustände anzeigen, die in diesem kleinen Baukasten enthalten sind. Diese Würfelteilung ist reich an Folgen: Die erste zeigt sich im Kapitel «Flächen und Körper im Würfelraum», eine Anzahl weiterer bilden zusammen das Kapitel «Versuche mit einem Schalenelement». Aus der quadratischen Grundrisszeichnung ergeben sich die Masse.

223

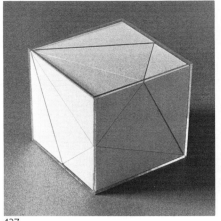

437

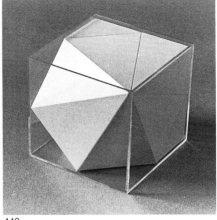

440

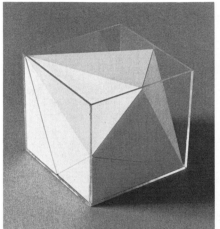

438

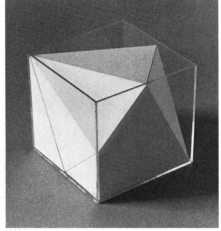

441

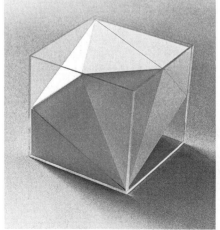

439

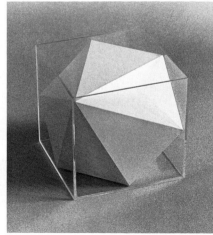

442

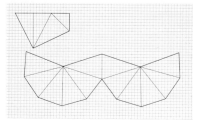

Zu dieser Arbeit hat die Würfeldurchdringung rechts auf Abb. 354 angeregt. Den Hauptkörper bildet ein zwölfflächiges Polyeder, das man auch als zwei sechseckige Pyramiden mit gemeinsamer Grundfläche bezeichnen kann. Durch sechs Vierflächner wird es zum Würfel ergänzt. Dadurch, dass man diese Ergänzungskörper nur teilweise und an bestimmten Würfelecken anlegt, ergeben sich interessante Varianten. 437–442.

Aus einem achtflächigen Polyeder als Mittelstück und zwei gleichen seitlichen Ergänzungskörpern setzt sich dieser Würfel zusammen. Ein besonderer Reiz ergibt sich beim Durchschieben des Mittelstücks durch den restlichen geschlossenen Würfelkörper, wovon die Abbildungen einen Begriff geben möchten. 443–447.

Würfelhalbierung mit kreuzweise gebrochener Teilungsfläche, die zu anregenden Kombinationen Anlass gibt. Durch Addition der gebrochenen Teilungsfläche ergibt sich die Reliefstruktur auf Abb. 456. 448–456.

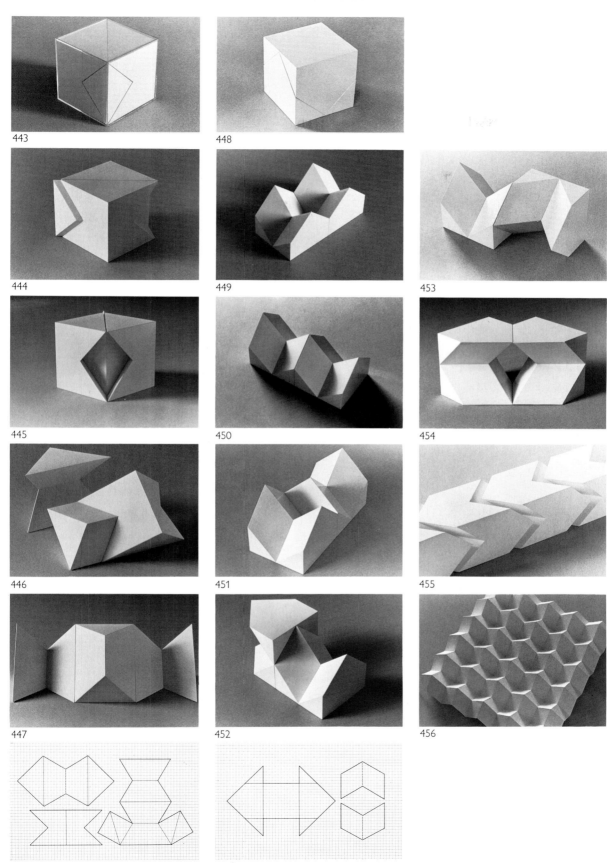

FLÄCHEN UND KÖRPER IM WÜRFELRAUM

Wir gehen nochmals zum kubischen Gitter auf Seite 166 zurück und erinnern uns der Bemerkung, dass die den Würfel durchziehenden Geraden als Begrenzung von Flächen betrachtet werden können, die – nach bestimmten Systemen angeordnet – den Würfelraum durchschneiden. Aus diesem Gedanken ergeben sich neue Anregungen für unsere Arbeit, nämlich Gebilde zu bauen, die sich nur aus solchen Flächen zusammensetzen. Das Hexaeder tritt diesmal nicht als Körper auf, sondern existiert mehr nur als gedachte Voraussetzung.

Das Resultat dieser Versuche sind stabile, leichte Gebilde, die an Waben, Fachwerk, Verschachtelungen und Kristallisationen erinnern. Allgemein haben sie etwas Scharfes, Schneidendes, sehr «Abstraktes» an sich, wirken intensiv auf das Tastgefühl, ja sprechen nicht zuletzt auch das Gehör an durch den besonderen Ton, der bei der Berührung der verspannten Flächen entsteht.

Mit Hilfe einfacher, zum Teil gefalteter Kartonelemente, die man in eine transparente Würfelschachtel einlegt, werden elementare räumliche Situationen dargestellt.

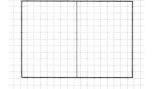

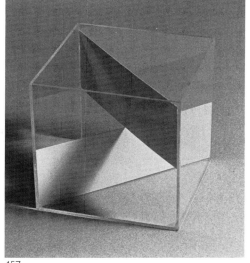

457

458

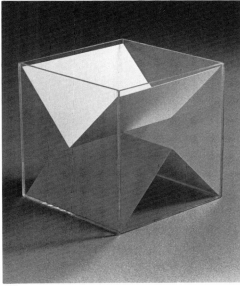

459

Transparente Würfelschachteln machen die Bezüge dieser Gebilde zum Kubus augenscheinlicher, weshalb sie meistens mit der Umhüllung zusammen fotografiert wurden. Besser als alle bisher im zweiten Teil gezeigten Formen veranschaulichen sie die im Hexaeder wirksamen Gesetzmässigkeiten. Wir denken uns, dass solche Arbeiten auch für den Mathematikunterricht anregend und bereichernd sein müssten, nicht nur als Anschauungsmaterial, sondern als erlebte manuelle Aneignung.

227

Den Würfel diagonal schneidende Rechteckfläche, aus der zwei gleiche Dreiecke herausgeschnitten sind. 460.

In das eine ausgeschnittene Dreieck wird ein geknicktes reguläres Dreieck rechtwinklig eingesetzt. Die Kantenlänge dieses Dreiecks entspricht der Länge der Flächendiagonalen des Würfels. Ebenso kann in den zweiten Ausschnitt ein solches eingelegt werden. 461.

Zwei gebrochene Fünfecke arrangieren sich im Würfelraum. Diese, wie auch die beiden oberen Figuren, sind nicht geklebt. 462.

Eine flächenparallele und eine diagonale Halbierungsebene durchschneiden sich. 463.

Zwei den Kubus diagonal halbierende Rechtecke sind von zwei Ecken her zum Mittelpunkt eingeschnitten und kreuzweise aufeinandergelegt. Wesentliches Sehen entdeckt an solch unscheinbaren Modellen genug Interessantes und Schönes. So hier etwa das ausdrücklich senkrechte Aufeinanderstehen der beiden Teile, das durch Licht- und Schattenflächen bekräftigt wird, das Aufliegen auf der Grundfläche mit einer Kante und das Stehen auf zwei Spitzen. Der Berührungspunkt der beiden Flächen liegt in der genauen Mitte der Figur. Über diesen Punkt sind die schrägen Kanten wie Sehnen gespannt. 464.

Aus jeder der drei quadratischen Hauptebenen sind ein Dreieck und ein Quadrat ausgeschnitten. Die Figur ist nicht geklebt. 465.

Vier in einer Diagonale gebrochene reguläre Sechsecke. Man vergleiche damit die mittlere Figur auf Abb. 158. 466.

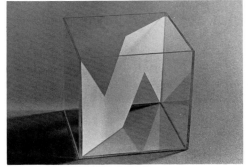
460

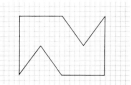

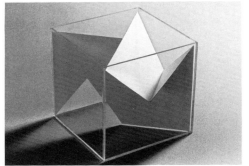
461

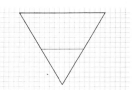

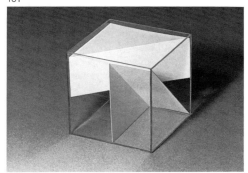
462

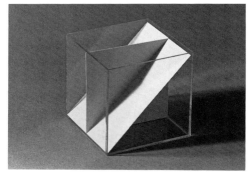
463

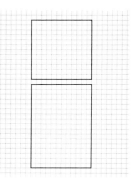

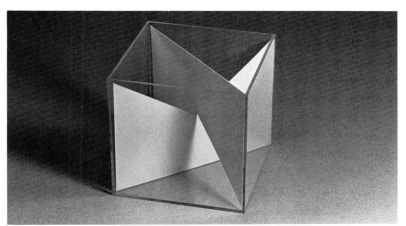

464

465

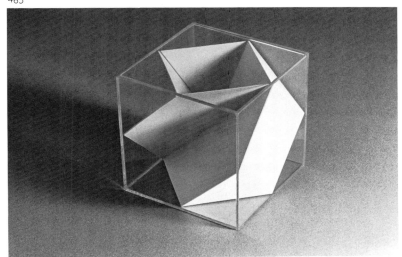
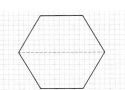

466

Die beiden von Kantenmittelpunkt zu Kantenmittelpunkt abgeschnittenen Ecken charakterisieren die an sich höchst einfache Situation der sich gegenseitig durchdringenden Rechteckflächen. 467.

Woher kommt die Belebtheit so einfacher Figuren wie dieser? Sie scheinen sich in das nicht direkt sichtbare, deshalb nicht weniger wirkliche und wirksame Netz von geometrisch-räumlichen Beziehungen einzugliedern und von ihnen zu «leben». Man erinnere sich bei dieser Gelegenheit an das, was weiter oben über begrenzte Flächen und ihr Eingespanntsein in die dazugehörigen unbegrenzten Ebenen gesagt wurde. Ähnlich sind derlei Figuren in ein unsichtbares Raumgitter vielfältigster gesetzmässiger Zusammenhänge eingebaut. Solche Überlegungen sind nicht abwegig, sondern wesentlich und bereichernd. 468.

Man vergleiche diese Figur mit jener auf Abb. 464 oder mit der Würfelteilung auf Abb. 448–456. 469.

Dieses Gebilde ist über eine Würfelteilung (Abb. 437–442) auf die Würfeldurchdringung von Abb. 354 rechts zurückzuführen. Es kann als drei den Kubus halbierende Rhomben und als ein diese senkrecht schneidendes, ebenfalls den Kubus halbierendes reguläres Sechseck gesehen werden. 470.

Sechs Halbierungsebenen, ein Quadrat, zwei Rhomben, zwei reguläre Sechsecke, ein Rechteck mit allen gemeinsamer Schnittlinie. Ihre Kanten berühren überall die Würfelflächen. 471.

Die Konstruktionen werden klar, wenn man sie mit Abb. 465 vergleicht. Alle Figuren dieser Doppelseite sind geschnitten und geklebt. 472–473.

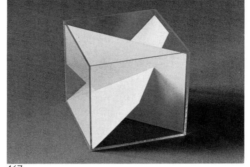
467

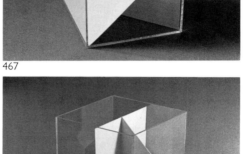
468

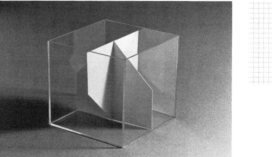
469

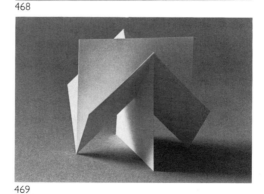
470

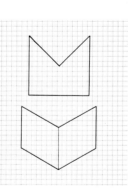

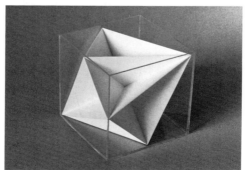

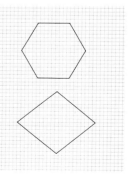

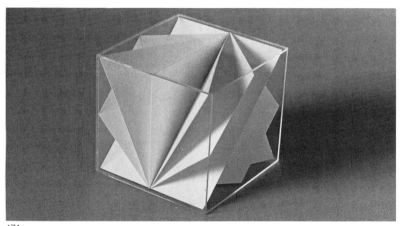
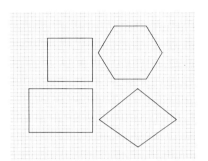
471

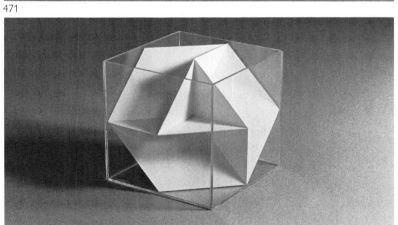
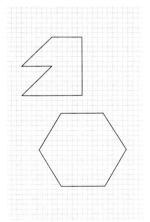
472

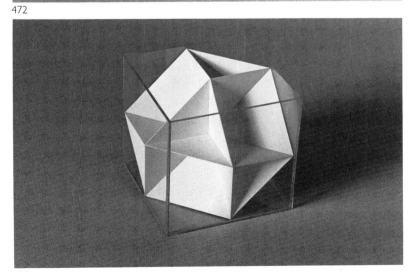
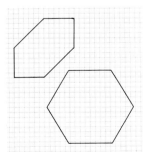
473

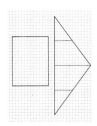

Quadermantel von diagonaler Halbierungsfläche durchschnitten. 474.

Drei Skizzen. Die mittlere Figur ist das Resultat der gegenseitigen Durchdringung von drei Quadermänteln. 475.

Zwei Hauptebenen mit vier eingesetzten Rhomben. 476.

Oktaeder mit vier wechselseitig zu Rhomben verlängerten Flächen. 477.

Oktaeder von den drei Hauptebenen durchschnitten. 478.

474

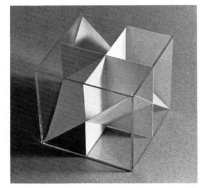

476

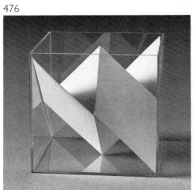

477

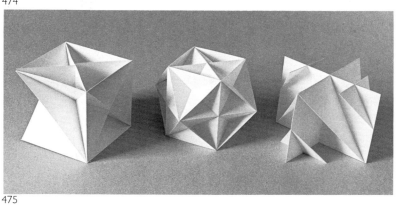

475

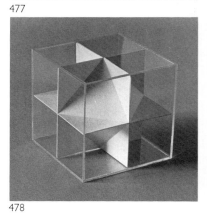

478

Diese Figur besteht eigentlich aus den Berührungsflächen der Teilkörper in der Würfelteilung Seite 222–223. Folgerungen aus dieser Figur wird man im Kapitel «Versuche mit einem Schalenelement» finden. 479.

479

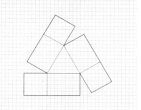

Im Gegensatz zu allseitig geschlossenen könnte man hier von offenen Würfeln sprechen. Jede Lamelle ist ein Schnitt, der das Hexaeder «tranchiert». Lamellen und Bänder besitzen Einschnitte zum Zusammenstecken. An diesen Arbeiten ist nichts geklebt. 480.

Auf dieser Abbildung ist die Bauweise der Würfel genauer zu erkennen. 481.

«Wabenwürfel»: Er ist lagenweise aus sechs Stegen gesteckt; die vier Gitter werden mit den drei dazwischenliegenden Quadraten verklebt. 482.

Aus ursprünglich kreisförmigen Elementen gesteckter Kubus in drei Ansichten. Stabiles Gefüge, durch Kurven belebte Struktur, reiche Lichtwirkung. 483–485.

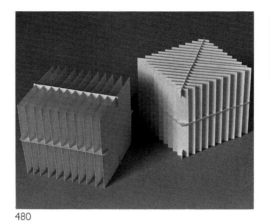
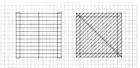
480

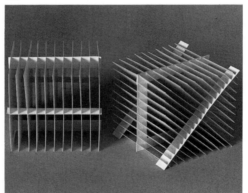
481

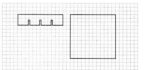

482

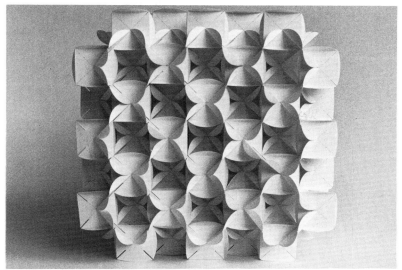
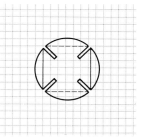

483

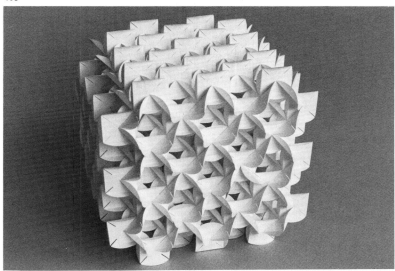

484

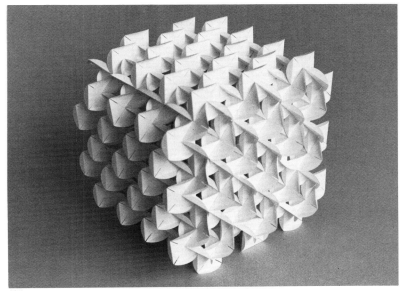

485

PAPIERBLUMEN

Blumen verbreiten Heiterkeit. Auch Papierblumen, sowenig sie sonst mit wirklichen Blumen gemeinsam haben, wollen heiter sein. Es wäre daher ein Fehler, sie so «abstrakt» werden zu lassen, dass sie alles Blumenhafte verlieren. Auf der anderen Seite dürfen sie auch nicht so naturalistisch geraten, dass man sie mit echten verwechselt, denn unsere Blumen sind nicht im Garten oder auf der Wiese gewachsen, sie sind aus farbigem Papier und Draht gemacht, was nicht verborgen werden soll. Zwischen diesen beiden Extremen liegt ein grosser Spielraum für Vorstellungskraft und Phantasie. Nur: Ein Rest wenigstens von echter Naivität und wirklichem künstlerischem Sinn muss einem zur Verfügung stehen, wenn man nicht in den Kitsch abgleiten will. Nicht Buntheit soll man suchen, sondern Abgestimmtheit der Farben. Auch Papierblumen sollen noch geformt sein, es sind nicht einfach an einem Draht befestigte farbige Fetzchen.

Alle möglichen Papiere können bei dieser Arbeit Verwendung finden: Seiden- und Pergamynpapiere, farbige Japan- oder Packpapiere, alle sind dafür gut, wenn sie nur richtig angewendet werden. Für die auf diesen Seiten abgebildeten Exemplare wurde farbiges Seidenpapier, Origamipapier und grünlackierter Blumendraht gebraucht.

EXKURSE ZWISCHEN GEOMETRIE UND SPIEL

Folgerungen aus einer
Würfelhalbierung
Eine Würfeldurchdringung als
Bauelement
Raumgitter aus Oktaedern und
Kuboktaedern
Versuche mit einem
Schalenelement
Körper mit regulären
Dreieckflächen
Arbeiten aus dem Kreis
Stelen

Collagen aus überzähligen Abwicklungen der auf den Fotos 357 und 358 vorgestellten Figur. 491–494.

FOLGERUNGEN AUS EINER WÜRFELHALBIERUNG

Die nächste Arbeit, die auf die Würfelhalbierung auf Seite 220 zurückgeht, will dokumentieren, wieviel in einem Thema stecken kann, das auf den ersten Blick nicht besonders ergiebig erscheint.

Die beiden in jeder Beziehung gleichen Hälften des Würfels lassen sich so aufeinander stellen, dass sie als ein neues Ganzes erscheinen. Besonders die sich jetzt zu zwei Rhomben zusammenschliessenden vier Dreiecke helfen dem Auge, die waagrechte Trennungsfuge, welche etwa noch ein Hindernis bildet, zu übersehen. Boden- und Deckfläche bilden ein rechteckiges gleichschenkliges Dreieck. Wie dieses als Viertel eines Quadrates betrachtet werden kann, so die ganze Figur als Viertel eines grösseren Gesamtkörpers.

Das Resultat der Vervierfachung steht rechts auf dem ersten Bild: Ein wohlgeordneter Klotz mit nach allen vier Seiten vorgetriebenen «Köpfen». Zusätzlich stellen wir drei genau gleiche Körper her und schliessen sie mit der ersten Figur zu einer grösseren Einheit zusammen. Erstaunlicherweise fügen sie sich, ohne einen Zwischenraum zu lassen, genau aneinander. Wir stellen zwei und zwei Elemente übereinander, was auf mehrere Arten möglich ist, und wiederum überrascht die Einheitlichkeit des Blocks, die das Zusammengefügtsein aus den ursprünglich so selbständigen Elementen völlig vergessen lässt. Die waagrechte Fuge erscheint jetzt nur noch als unorganische, willkürliche Unterbrechung im Ablauf der Formen.

Auch wenn wir alle Elemente senkrecht aufeinander stellen, geht die Rechnung auf. Nun bauen wir den Turm zusammenhängend, ohne Unterbrechung. Es geht bloss noch darum, oben einen formal logischen Abschluss zu finden, um den Eindruck des Abgesägten, Bruchstückhaften zu vermeiden.

In der Ansicht von schräg oben wirkt das kräftige Ausbuchten besonders stark. In symmetrischer Ansicht und bestimmter Beleuchtung bilden die Quadrate und Rhomben ein dekoratives Muster, allerdings auf Kosten der klaren räumlichen Orientierung.

Unschwer kann man sich noch andere Erweiterungen des Themas vorstellen, wie etwa die Kombination von vier oder mehr, vielleicht ungleich hohen Türmen, analog den Blöcken auf Abbildung 496.

Auch ist eine farbige Gestaltung denkbar, allerdings nicht um die Eindeutigkeit der Formen zu steigern, denn das ist mit diesem Mittel nicht möglich, sondern um irgendwelche Akzentuierungen, Übertreibungen, Belebungen zu versuchen. So könnte der Turm z. B. durch farbige Differenzierung überdeutlich als ein Gefüge aus neun senkrecht zueinanderstehenden, im Umriss achteckigen Platten gekennzeichnet werden, die sich schon auf unseren Abbildungen zu erkennen geben. Oder: durch Betonung der schräg und sich überschneidend verlaufenden Flächenbänder aus Rhomben und Quadraten müsste der Turm etwas von einem Flechtwerk annehmen und ein irritierendes Verhalten von plastischer und farbig dekorativer Wirkung erzeugen.

495

496

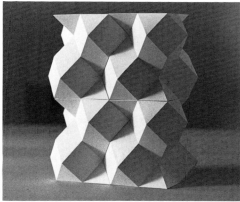

497

498

Entwicklungen aus einer Würfelhalbierung durch Addition und Kombination ihrer Hälften. Diese sind, zu einem Vergleich, auf Seite 220 in verschiedenen Situationen zu sehen.

Durch Stapeln des aus den Würfelhälften gewonnenen räumlichen Elements entsteht diese Stele, die in der Frontalansicht als klare, ohne Mühe deutbare Form dasteht. Die Schrägansicht auf Abb. 500 betont die Buckel und Höhlungen, das Bild rechts stellt besonders den kristallinen Charakter heraus.

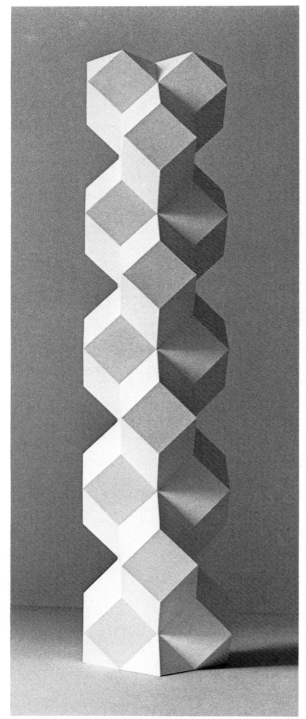

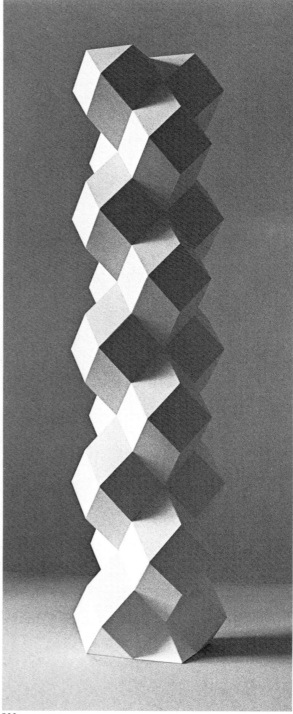

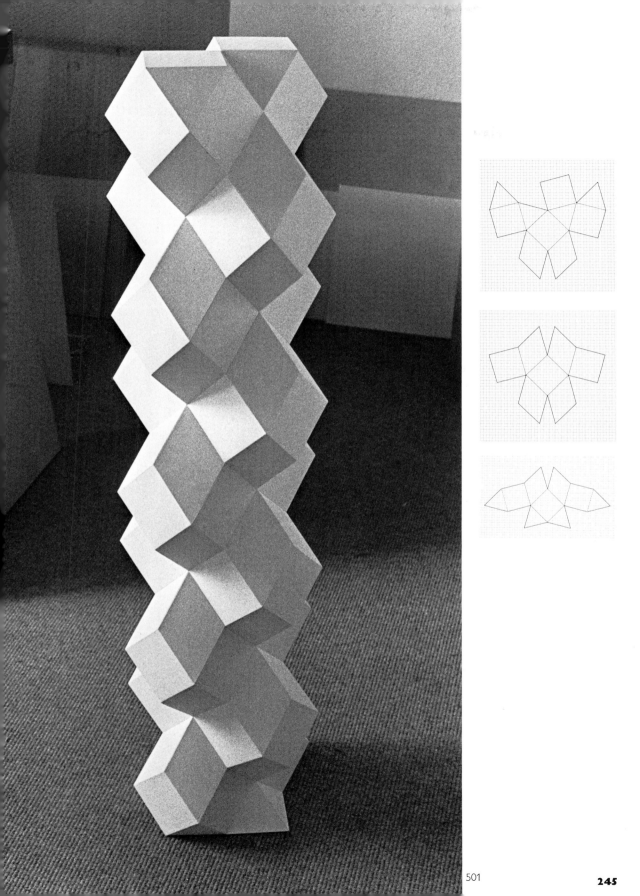

EINE WÜRFELDURCHDRINGUNG ALS BAUELEMENT

Im Kapitel «Würfeldurchdringungen» finden wir die Form, auf die hier zurückgegriffen wird: Es sind drei gleich grosse, sich in gerader Linie durchdringende Kuben. Die vielseitige Verwendbarkeit dieser Figur zeigt sich erst beim schrittweisen Vorgehen im Verlauf der Arbeit. Die Abbildungen versuchen, die Spur des Arbeitsganges in entsprechender Reihenfolge nachzuzeichnen. Sie markieren die wichtigsten Punkte der Versuchsreihe, jedoch längst nicht ihren ganzen Umfang; sicher blieben auch einzelne Wege noch gänzlich unbeschritten. Was vorhanden ist, soll Ermutigung sein, mit anderen Figuren ähnliche Versuche zu wagen oder die hier begonnenen weiterzuführen.

Zum Element selbst: Seine Oberfläche besteht aus sechs ganzen und sechs diagonal gebrochenen Quadraten. Der mittlere Würfel tritt nur durch sechs Halbseiten in Erscheinung. Die beiden äusseren Würfel zeigen, ausser den Dreieckflächen, je drei vollständige Quadrate, die gemeinsam eine Ecke bilden. Durch diese zwei Ecken legt sich eine Symmetrie- oder Drehachse, die mit je einer Raumdiagonalen der drei Würfel zusammenfällt. Von hier aus ist einzusehen, dass jedes der sechs Quadrate sich zum Ganzen der Form gleich verhält, sie sind also untereinander austauschbar und bieten dadurch ausserordentlich vielfältige Kombinationsmöglichkeiten.

Eine Möglichkeit, das Element und damit natürlich alle daraus hervorgehenden Strukturen zu variieren, besteht darin, dass man es in Richtung der erwähnten Raumdiagonale auseinanderzieht (Abb. 362). Man vergleiche dazu das Kapitel «Raumgitter aus Oktaedern und Kuboktaedern».

502

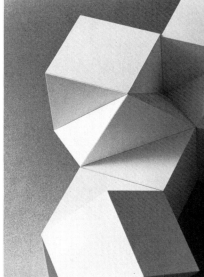

503

504

505

506

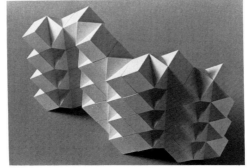

507

Durchdringungsformen aus zwei und drei Würfeln (von Abb. 506 weg ausschliesslich aus drei) werden als Bauelemente verwendet. Vom anfänglich tastenden Suchen nach Übereinstimmungen und Anschlussmöglichkeiten von zwei, drei, vier Elementen gelangen wir zu grösseren Gruppierungen, zuletzt zum lückenlosen Gefüge der mehrfach gebrochenen, allseitig erweiterbaren Wand rechts unten.

Immer mehr zeigt die als
Bauelement aufgefasste
Würfeldurchdringung ihre
Vielseitigkeit: Sie lässt
sich auf ebener Unterlage
lückenlos zu einer Reliefstruktur zusammenschieben
oder, dank eines bestimm-
ten Ineinandergreifens
von vor- und einspringen-
den Kanten, ohne Mühe zu
einem Dreieck stapeln.
Beide Vorgänge kombiniert
führen zu verschiedensten
Zusammensetzungen von
regelmässiger oder unregelmässiger Form, was die
Abb. 510, 511 und 513
illustrieren.

508

509

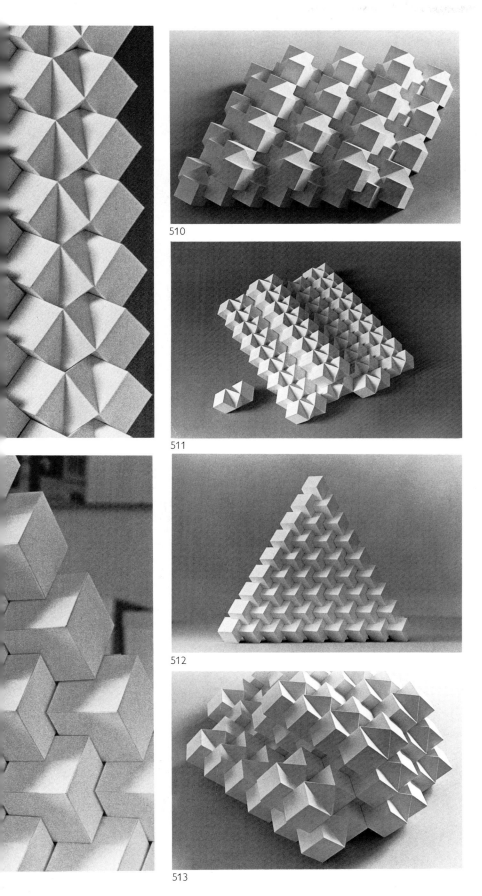

510

511

512

513

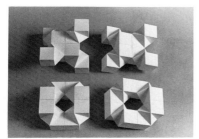
514

515

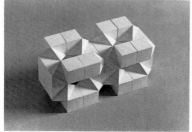
516

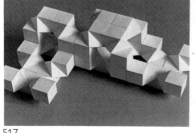
517

518

Je vier Würfeldurchdringungen fügen sich zu vier neuen Elementen zusammen (Abb. 514, 518). Einige mehr vorläufige Kombinationen ermutigen zu den wesentlich erweiterten Zusammensetzungen, die auf der folgenden Seite abgebildet sind.

519

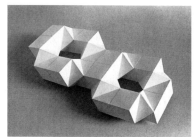
520

521

522
524
525
527
523
526
528

529

530

531

Die Fotos dieser Seite zeigen verschiedene Systeme von Zusammensetzungen aus den erwähnten Elementen. Die durchschnittliche Höhe der abgebildeten Modelle beträgt 60 cm, sie sind in sechs Richtungen erweiterbar, können als Blöcke, Türme, Wände (mit Richtungsänderungen von 90°) gebaut werden. Die Form des Elements würde sich zur Umsetzung in andere Werkstoffe eignen (Gussverfahren). Weitere wichtige Varianten liessen sich durch Veränderung des ersten Elementes der Würfeldurchdringung erreichen, wie sie Abb. 362 zeigt. Eine mehr oder weniger starke Auflockerung des Gefüges wäre die Folge, wie wir sie ähnlich an den Raumgittern im nächsten Kapitel beobachten. 522–528.

Wesentlich anders organisiert ist diese in drei Ansichten gezeigte Figur. Sie besteht aus vier unter sich gleichen Teilen, von welchen jeder wieder aus vier Würfeldurchdringungselementen zusammengesetzt ist. Diese Zusammensetzung ist es, die die Besonderheit des hier zur Wirkung kommenden Systems begründet, oder genauer der Systeme, denn es sind deren mehrere. Jedes ist nach jeder Seite hin erweiterbar; trotzdem wirkt die abgebildete Konstellation z. B. nicht fragmentarisch. 529–531.

RAUMGITTER AUS OKTAEDERN UND KUBOKTAEDERN

Im Abschnitt «Abstumpfen der Ecken» sahen wir, wie das Kuboktaeder durch gleichmässiges «Abschleifen» aller Würfelecken bis zu den Kantenmitten entsteht. Wir stellten fest, dass es sich um eine Durchdringungsform zwischen Kubus und Oktaeder handelt, der Name deutet es übrigens an. Ein Oktaeder lässt sich nun so in ein Kuboktaeder eingebaut denken, dass seine sechs Ecken in den Mittelpunkten der sechs Quadratflächen des letzteren liegen. Die regulär dreieckigen Seiten beider Körper haben dann genau dieselben Masse, so dass der Gedanke an eine Verbindung zu einer grösseren Einheit nahe liegt, ja verlockend ist, da die gleichen Dreieckflächen einander fast magnetisch anzuziehen scheinen.

Gehen wir also an die Herstellung einer Anzahl solcher Polyeder und fügen an ein Kuboktaeder zwei, sechs oder acht Oktaeder. Schon hier nun künden sich dem Auge verschiedene mögliche Systeme der Zusammensetzung an. Wir wählen dasjenige, bei dem sämtliche Dreiecke des Kuboktaeders als Anschlussflächen für Oktaeder benützt werden.

Haben wir das aus neun Elementen bestehende Gebilde vor uns, begreifen wir es alsbald als Teilstück neuer, grösserer Formzusammenhänge und fügen folgerichtig Körper zu Körper: Wir erhalten ein Raumgitter. Dieses hat nun freilich die Tendenz, sich immer weiter fortzusetzen in jeder Richtung, sozusagen gesetzmässig ins Unbegrenzte zu wuchern. Daher soll das Ganze vorläufig in Kubusform abgeschlossen werden. Es besteht, wie es auf unseren Abbildungen erscheint, bereits aus 27 Kuboktaedern und 64 Oktaedern. An dieser Stelle muss davor gewarnt werden, sich bei solcher «Massenarbeit» gehen zu lassen, denn die geringste Ungenauigkeit rächt sich bei der späteren Montage. Die Polyeder sollen sich ohne Mühe genau zusammenfügen lassen.

Durch Verlängern der bisher regulären Oktaederglieder entstehen zwischen den Kuboktaeder-Knoten grössere Abstände, das Gerüst wird offener. Bemerkenswert ist auch die ausserordentliche Verschiedenheit der Ansichten, je nach der Stellung des Betrachters in bezug auf das Raumgitter: So einfach und zeichenhaft einprägsam es in der Frontalansicht erscheint, so verwirrend zeigt es sich leicht schräg von der Seite gesehen.

Mit diesen Hinweisen ist nicht viel mehr als eine Richtung der Anschauungsweise gegeben. Das Fehlen mathematischer Kenntnisse soll niemanden davon abhalten, sich auf solche Arbeiten einzulassen; übrigens besitzt sie der Verfasser selbst nicht. Wichtig ist hier das Empfinden für die Ganzheit einer Gestalt, das Eingehen darauf mit allen fünf Sinnen und dem Verstand, mit Phantasie und Intuition. Falls diese Arbeiten den einen oder andern die Liebe zur Geometrie bei sich entdecken liessen, so wäre auch das ein Gewinn.

Die hier verwirklichte Kombination von zwei Polyedern zu einem Raumgitter ist eine unter vielen, das Versuchsfeld ist unbegrenzt. Ein weiterer sinnvoller Ausbau der Aufgabe kann in der folgenden Übung bestehen: Man frage sich, wie eigentlich der Negativraum, der Hohlraum zwischen dem Gefüge von Oktaedern und Kuboktaedern aussieht, versuche seine Formen, als Positiv, skizzierend darzustellen und schliesslich, als neues Raumgitter, in Karton nachzubauen.

Während der vorbereitenden Arbeit zum Raumgitter, wenn schon eine grössere Anzahl von Kuboktaedern auf dem Tisch liegt, ist man vielleicht versucht, ihre Beziehungen zueinander klarzustellen. Es zeigt sich unter anderem, dass sie auf ebener Unterlage in zwei Weisen lückenlos zusammengestellt werden können. Dabei entstehen sehr verschiedene Strukturen, beinah scheint es sich nicht um die gleichen Polyeder zu handeln. Abgesehen vom Vergnügen, das uns solche nebenbei gemachte Beobachtungen verschaffen können, sind sie nie Zeitverlust.

532

533

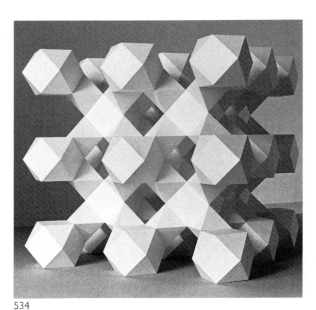

534

536

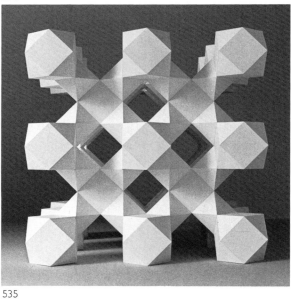

535

537

Raumgitter aus siebenundzwanzig Kuboktaedern und vierundsechzig regulären Oktaedern in mehreren Ansichten. Abb. 536 zeigt zwei Kuboktaederknoten mit zwei und sechs angeschlossenen Oktaedern. Auf Abb. 538 hält sich das Raumgitter auf der Dreieckfläche eines Kuboktaeders im Gleichgewicht. Für diese Arbeit wurde Offsetkarton von 220 gm² verwendet. Der ganze Kubus hat eine Kantenlänge von 50 cm.

538

Das vorher besprochene kubische Raumgitter ist hier durch «Ziehen» der Verbindungsteile, d. h. der Oktaeder, aufgelockert. Abb. 541 zeigt einen Kuboktaederknoten mit acht angeschlossenen, jetzt länglichen Oktaedern. Man beobachte einmal die «Funktionsweise» der Oktaeder genau: Es vollzieht sich von einem Ende zum anderen die Drehung eines regulären Dreiecks um 60° oder um 180°, je nach der Interpretation des Vorgangs. Und auf welch elegante und im Grunde verblüffende Weise!

539

540

541

542

543

Nochmalige Transformation durch Verlängern der Verbindungsglieder lässt das Raumgitter zu einem Gestänge oder Gerüst abmagern. Trotz der Skeletthaftigkeit bleibt die Papierkonstruktion genügend stabil. Abb. 549 gibt einen Nahblick in das Gebälk hinein.

545

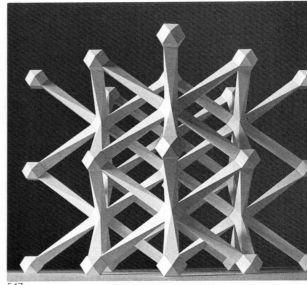

547

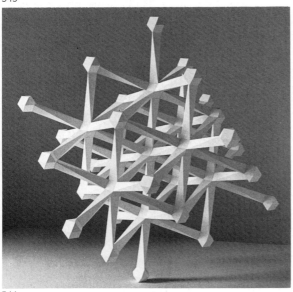

546

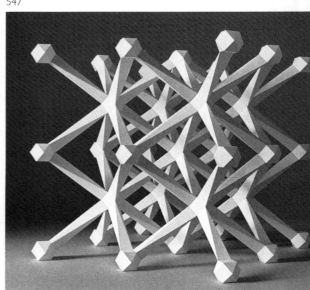

548

VERSUCHE MIT EINEM SCHALENELEMENT

Die Einzelteile, die man für eine bestimmte Figur anfertigt, sind oft nicht nur für diese allein verwendbar. Es kann sogar sein, dass aus ihnen interessantere Gebilde gebaut werden können, als es dasjenige ist, für welches sie anfänglich bestimmt waren. Jedenfalls tut man gut daran, bei einer Arbeit hin und wieder vom unmittelbar angestrebten Ziel wegzublicken in andere Richtungen, in Gedanken Nebenwege zu gehen, immer auf dem Sprung, etwas Neues zu entdecken.

Das Element, das uns hier beschäftigen wird, ist auf dem ersten Bild vorgestellt, seine Abwicklung findet sich auf Seite 233, ebenso die Figur, von der es herstammt. Der Entschluss zu den folgenden Versuchen entstand während der Arbeit an Figur 479. Bei dieser Gelegenheit erinnern wir uns auch daran, dass diese bereits eine Umsetzung der Würfelteilung auf den Seiten 222–223 darstellt.

Ungeahnt vielfältig sind die Möglichkeiten, die sich aus dem simplen Schalenelement ergeben. Die Abbildungen der drei nächsten Doppelseiten vermitteln, wenn auch nur in Ausschnitten, einen Begriff davon. Nichts ist abgeschlossen oder ausgeschöpft, überall würden die Wege weiterführen, zu unvorhersehbaren Gebilden.

Die einzige Gefahr, auf die hier wieder einmal hingewiesen werden soll, ist die des Sichverlierens im Systematisieren und Variieren, was ein Abgleiten ins Abstrakte, Quantitative bedeuten würde. Unser Interesse aber gilt vor allem dem Qualitativen: Immer von neuem betrachten, beurteilen, auswählen und wieder betrachten.

550
551
552
553
554
555

Die Variationsmöglichkeiten des aus der Figur 479 gewonnenen siebenflächigen Schalenelements sind ungemein vielfältig. In der Ebene wie im Räumlichen ergeben sich anregende Kombinationen, welche ihrerseits wieder auf neue Möglichkeiten vorausweisen. Die Abb. 556–557 und 563 zeigen Zusammenfügungen aus vier Elementen nach tetraedrischem Prinzip. Durch Wegschneiden der drei rechtwinkligen Ecken erhält die Schale einen regulär sechseckigen Rand. Zusammensetzungen mit dem abgeänderten Element unterscheiden sich von den übrigen Varianten durch ihre Abgerundetheit.

556

558

562

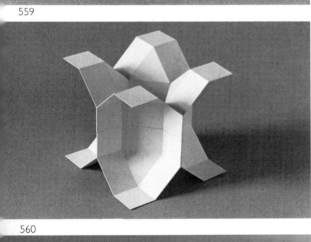

559

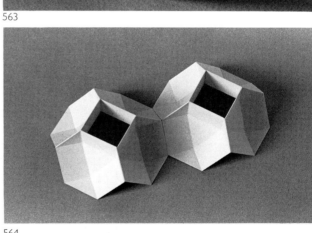

563

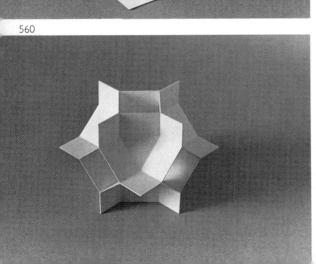

560

564

Geschlossene und durchbrochene, symmetrische und asymmetrische Zusammenstellungen von Doppelschalen. Die zwei Elemente lassen sich wie zwei Hände verschränkt aufeinanderlegen, so dass ein vierzehnflächiges Polyeder mit sechs Dreieckflossen entsteht. Die vorstehenden Dreiecke bilden zwischen den Körpern kleine Pyramiden. 566–568.

Die ursprünglich aus der Würfelteilung Abb. 423 bis 436 stammenden Elemente lassen sich wieder in einen Würfel einbauen. Die Papiergehäuse sind nicht geklebt, sondern bloss in die transparenten Kuben hineingestellt. Sie erzeugen den Eindruck des Improvisierten, Leichten. 569–574.

567

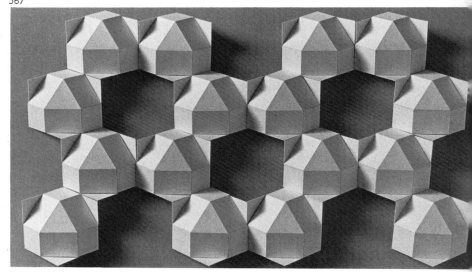

568

569

571

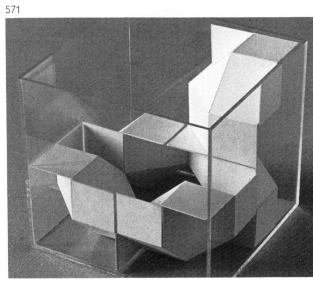

572

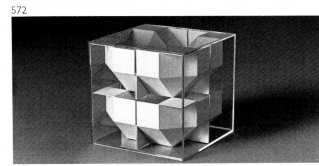

570

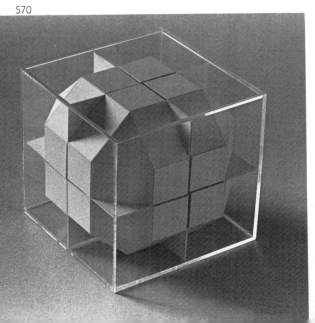

573

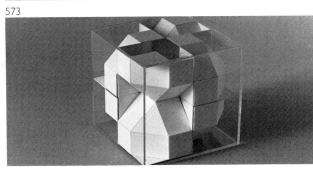

574

Die überstehenden Dreiecke der Doppelschalen sind weggeschnitten, die zwei Schalen zu einem Vierzehnflächner zusammengeklebt. Das kann übrigens auf zwei Arten geschehen: erstens so, dass an der Sechseckkante Dreieck an Rechteck stösst, was der bisher üblichen, d.h. möglichen Stellung entspricht, zweitens so, dass immer Rechteck auf Rechteck, Dreieck auf Dreieck trifft. Entsprechend ergeben sich aus diesen zwei relativ ähnlichen Polyedertypen für die Kombinationen mit ihnen zwei sehr verschiedene Gesetzmässigkeiten der Anordnung. Durch das Wegfallen der vorstehenden Dreiecke erscheinen die damit gebauten Objekte wieder massiver, schwerer.

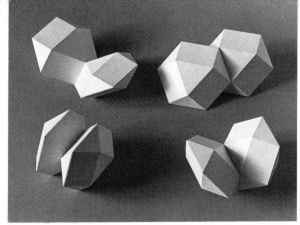

575

576

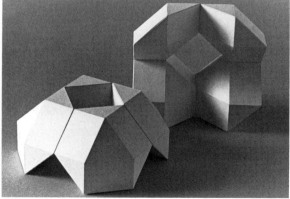

577

579

268

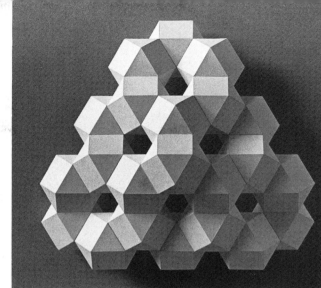

581

582

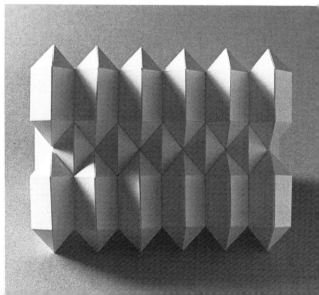

KÖRPER MIT REGULÄREN DREIECKFLÄCHEN

Das Tetraeder ist der erste der fünf sogenannten regulären oder platonischen Körper. Es besteht aus vier gleichgrossen gleichseitigen Dreieckflächen und lässt sich, sowenig es auf den ersten Blick Gemeinsames mit dem Würfel hat, in diesen einbeschreiben, und zwar so, dass seine sechs Kanten mit je einer Diagonale der sechs Würfelseiten zusammenfallen. Man sehe daraufhin die erste der Würfelteilungen an. Das Tetraeder kann so halbiert werden, dass die Schnittflächen quadratisch sind, es ist der Körper, der bei grösster Oberfläche den kleinsten Rauminhalt besitzt, und es sind bei ihm weder Flächen- noch Raumdiagonalen zu finden.

Seine Abwicklung finden wir auf Seite 154. Das scheinbar näherliegende zentralsymmetrische Netz ist weniger günstig, da in einer Spitze gleichzeitig drei geklebte Kanten zusammentreffen, was notgedrungen Ungenauigkeiten mit sich bringt.

Unser Vierflächner ist auch eine ausserordentlich stabile Figur, nicht verwunderlich, dass sie z. B. für Stabkonstruktionen zur Überdachung grosser Spannweiten Verwendung findet.

Unsere Absicht ist, aus gleichen Tetraedern räumliche Gebilde zu entwickeln. Zuerst verschaffen wir uns eine Übersicht über die Kombinationsmöglichkeiten von zwei, drei, vier und fünf Elementen, um dann wiederum Zusammensetzungen aus diesen Kombinationen zu versuchen. Es ist der beste Weg, um nicht in einem Wirrwar von halb geahnten, halb begriffenen Möglichkeiten die Orientierung und vielleicht die Lust an der Arbeit zu verlieren.

584

Einzelnes Tetraeder und die Kombinationen von zwei und drei Tetraedern. Bei der mittleren Figur kann ein drittes Tetraeder an irgendeine der sechs Seitenflächen angeschlossen werden, es ergibt sich überraschenderweise immer das Schiffchen rechts. 584.

Kombinationen mit vier Tetraedern. 585.

Kombinationen mit fünf Tetraedern. Bei der ersten links fällt die merkwürdige Differenz auf, ein Spalt, der ein lückenloses Zusammenfügen der Körper verunmöglicht. Es ist auch zu beobachten, wie mit zunehmender Anzahl der Elemente die Zahl der möglichen Kombinationen steil ansteigt. 586–587.

585

586

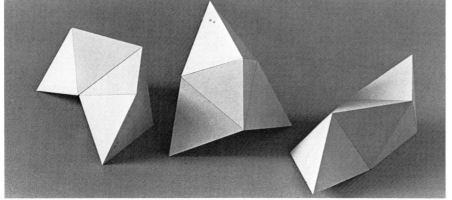

587

588

589

590

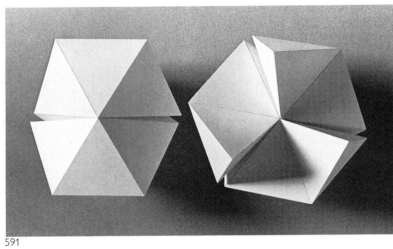

591

592

593

594

Die bisher gemachten Zusammensetzungen aus zwei bis fünf Tetraedern bilden eine zuverlässige Grundlage für weitergehende Versuche. Es muss nun nicht mehr mit Einzelkörpern operiert werden, sondern die in sich starren Körpergruppen, wie z. B. das Schiffchen auf Abb. 584, werden als Elemente benützt. Abb. 592 zeigt die Rückseiten der Figuren auf Abb. 591. Der Körper auf Abb. 596 hat etwas vom Charakter einer aufgesprungenen Frucht oder eines Föhrenzäpfchens. Diese Wirkung ist in der weiter oben besprochenen «Differenz» begründet.

595

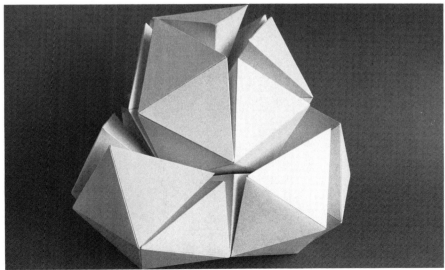
596

Sechs Schiffchen oder Dreierelemente sind beweglich miteinander verbunden, indem sie auf ein gerilltes Sechseckblatt von entsprechender Grösse montiert sind. Abstände in Rillenbreite von 1–2 mm werden eingehalten, um die Mobilität der Körper nach beiden Seiten zu gewährleisten. Unten dasselbe Objekt in verändertem Zustand von der Rückseite. 597–598.

Ein regulär sechseckiges Blatt wird so eingeteilt und gerillt, dass vierundzwanzig gleichgrosse gleichseitige Dreiecke entstehen. Sämtliche Dreiecke werden nun auf beiden Seiten mit Tetraedern besetzt. Das Blatt sorgt zugleich für den Zusammenhang und die Mobilität des Komplexes.

597

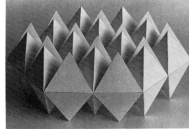

599

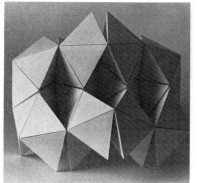

600

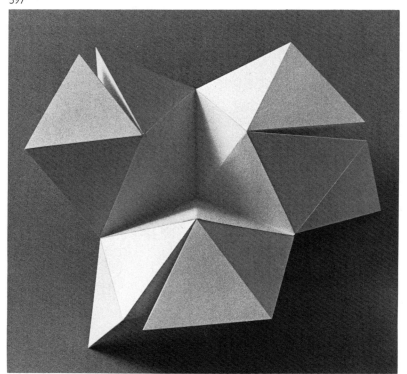

598

601

Darunter dasselbe Objekt in zwei Zuständen der Deformation. 599–601.

Konstruktion sich gegenseitig durchdringender Tetraeder. Es entstehen kugelförmige Hohlräume mit fünfeckigen Durchbrüchen. Darunter Detail

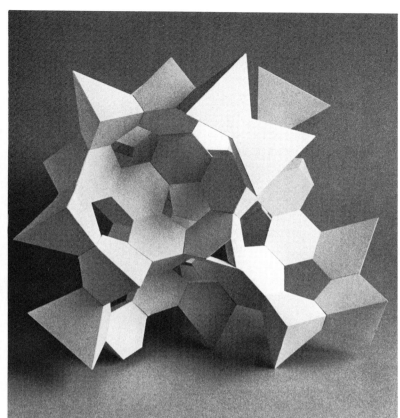

602

603

aus dem gleichen Objekt.
602–603.
  Reliefstruktur aus fünf Reihen zu sechs halben Tetraedern. Die Abwicklung jeder Reihe bildet einen parallelen Kartonstreifen mit zusätzlichen Klebfälzen zur Befestigung auf der

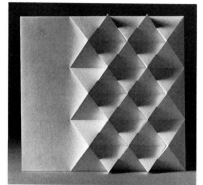

604

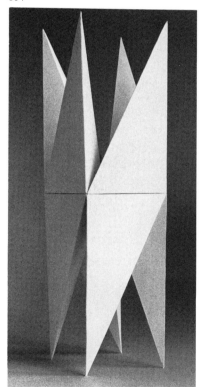

605

Unterlage, die mit dem gleichen Karton überzogen ist. 604.
  Die acht gleichen, dreiseitigen und schiefen Pyramiden können durch acht weitere, genau gleiche Polyeder zu einem geschlossenen Quader ergänzt werden. 605.

ARBEITEN AUS DEM KREIS

Das Thema Kreis ist, für einen Unterricht, in welchem mit Papier gearbeitet wird, äusserst anregend, vielleicht entgegen dem ersten Anschein. Oft auch ist es sehr willkommen als Kontrast zu Themen, die nur eckige und gerade Elemente zulassen. Abwechslung ist nicht nur zur Erleichterung und zum Vergnügen erwünscht: Nach einer über längere Zeit anhaltenden Beschäftigung mit Formen kubischen Charakters zum Beispiel kann man intensiver erfahren, was eine Rundung, eine Kreisform, eine Kugel ist. Man sieht, begreift, erfasst, was sonst nicht oder nur in viel geringerem Grad zu erfassen wäre.

Vom zarten Seidenpapier bis zur zähen Handpappe kann hier jedes Material in Betracht kommen, auch soll keine der manuellen Techniken ausgeschlossen bleiben. Um aber zu einer sinnvollen Aufgabenstellung zu gelangen (auch im Selbstunterricht), müssen aus dem zu weiten Thema einzelne Aspekte, aus den vielen zur Verfügung stehenden Bearbeitungsweisen einzelne Techniken ausgewählt werden. So sind zum Beispiel einerseits der Kreisring, andrerseits Falten und Biegen die Begriffe, aus der die Aufgabenstellung für die nebenstehende Figur hervorgegangen ist. Ausserhalb dieses Kapitels sind Anregungen (z. B. die vom Bücherwurm zerfressenen Blätter, die Lochstreifen in «Papier im Alltag») und Beispiele zum Thema Kreis an mehreren Orten zu finden, man schlage etwa die Seiten 42, 56, 99, 142, 143 und 145 auf.

606

Ein überall gleich breiter Kreisring ist einmal und symmetrisch, jedoch wechselseitig, gefaltet. Die beiden Hälften der inneren Schnittkanten sind aneinandergeklebt, so dass sich nun die Form gänzlich schliesst. Man beobachte die symmetrisch schwingenden Bewegungen der beiden Bänder, die Art ihres Aneinandergrenzens, die Überschneidungen, vor allem aber auch den Spannungspunkt in der Mitte der Figur.

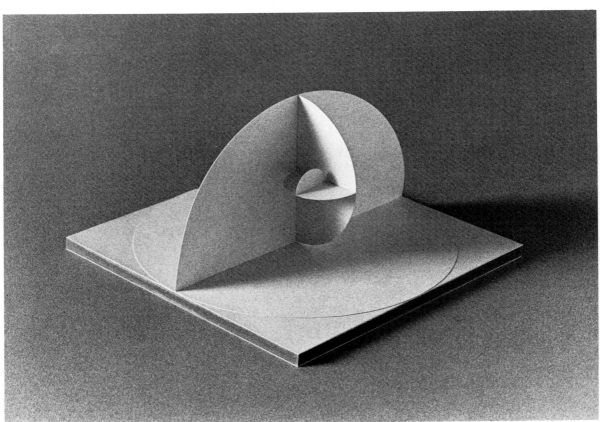
607

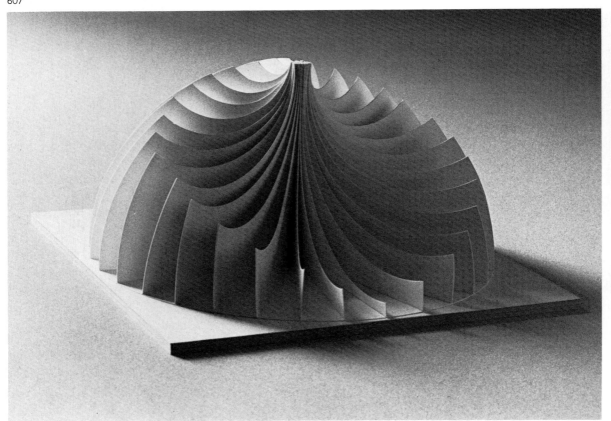
608

609
Diese Arbeit leitet sich von der Flächenteilung Abb. 79 her, sie stellt eine Art Entfaltung der dort flach aufeinanderliegenden Elemente dar. Statt dass sie in parallelen Ebenen übereinanderliegen, stehen sie hier nun senkrecht zueinander und betonen entschiedener auch die dritte Raumrichtung. Ähnliche Versuche könnten auch mit anderen Reliefs angestellt werden, denen eine planimetrische Figur zugrunde liegt. 607.

Kuppel aus konzentrisch angeordneten Lamellen. Ihre Gleichmässigkeit wird durch eine Anzahl runder Ausschnitte gestört, die zusammen eine Hohlform bilden, eine Gegenbewegung zur Rundung der Halbkugel. Ähnliche Strukturen entdeckt man in der Natur, an der Unterseite von Lamellenpilzen. Hier sorgen Insekten und Würmer für die konkaven «Ausschnitte». 608–609.

Die Figur erinnert an ein Schneckenhaus. Alle Lamellen sind gleich geformt, in der Grösse jedoch abgestuft. Im Lauf der Arbeit entdeckten wir, dass sich die Lamellen auf beide Seiten bewegen lassen, wenn sie mit der Bodenfläche nicht starr verbunden

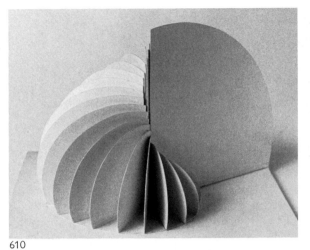

610

612

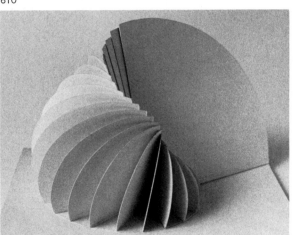

611

613

sind. Jedes Blatt wird vom vorhergehenden und nachfolgenden so geführt, dass gleiche Abstände eingehalten werden und die Bewegung synchron abläuft. Die Abbildungen, die einige Zustände festhalten, geben annähernd den Eindruck des Ablaufs, dessen Schönheit sich hauptsächlich bei der langsamen, nicht unterbrochenen Veränderung zeigt. Bemerkenswert bleibt, dass der besondere Reiz des Objekts, seine Mobilität, durch Zufall entdeckt wurde. Solch angenehme Überraschungen sind bisweilen das Resultat intensiven und aufmerksamen Experimentierens. Das zeigt noch einmal mit Deutlichkeit, wie fruchtbar eine echt primitive, eng begrenzende Aufgabenstellung sein kann, und zwar für jede Altersstufe.

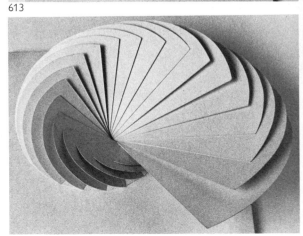

614

STELEN

Sicher nicht nur aus Gründen der Nützlichkeit oder Notwendigkeit wurden in Städten Türme gebaut, auf weiten Plätzen Obeliske aufgestellt, sondern ebensosehr aus Freude an hohen, schlanken Gebilden, die die Menge der niedrigen Bauten überragen, dem horizontal Gelagerten einen Gegensatz bieten. So sind auch diese Papierstelen einzig aus der Lust entstanden, langgezogene, senkrecht aufstrebende stabile Gebilde zu schaffen; einer anderen Rechtfertigung bedürfen sie nicht.

An Ideen für solche Figuren kann es nicht mangeln. Die Kapitel «Regelmässige Faltungen» und «Entwicklung eines Faltschemas» enthalten eine Menge Anregungen, die sich entsprechend auswerten lassen. Eine andere Möglichkeit bieten die Polyeder; soweit sie sich dazu eignen, zieht man sie einfach in die Länge, wobei natürlich auf die Veränderung ihrer Proportionen geachtet werden muss. Als Beispiele sollen die aus Tetraedern entstandenen Stelen dienen, die auf den Abbildungen 619–628 zu sehen sind. Man vergesse auch nicht, dass jedes Polyeder in mehr als einer Art «verzogen» werden kann. Durch paralleles Auseinanderziehen in einer Richtung wird der Würfel zu einem Vierkantstab, durch raumdiagonales zu einem spindelförmigen Gebilde aus sechs schmalen Rhomben.

Handwerklich und technisch sind keine neuen Schwierigkeiten zu erwarten, wenn mit der nun schon gewohnten Gewissenhaftigkeit und Exaktheit vorgegangen wird. Unter keinen Umständen sollte das Vorfalten übergangen werden, ob die Figur nun geritzt oder gerillt wurde.

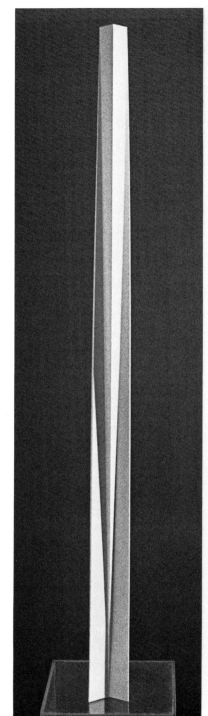

616

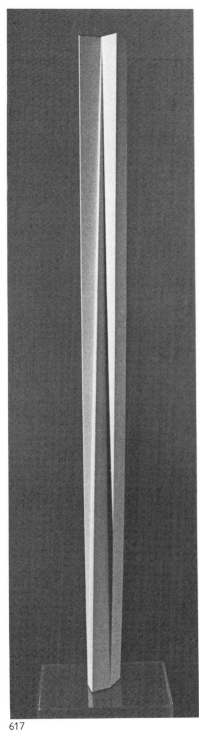

617

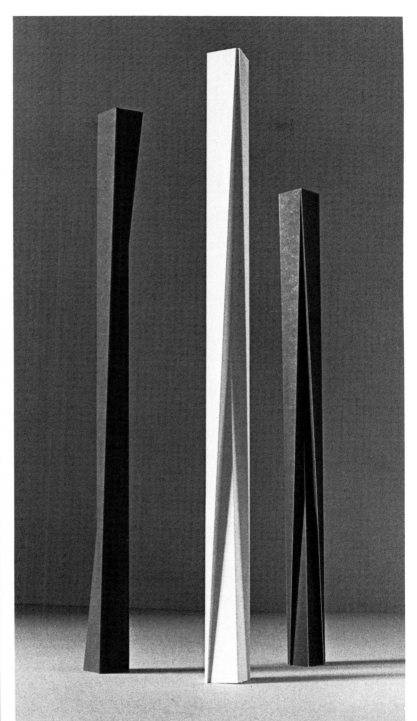

618

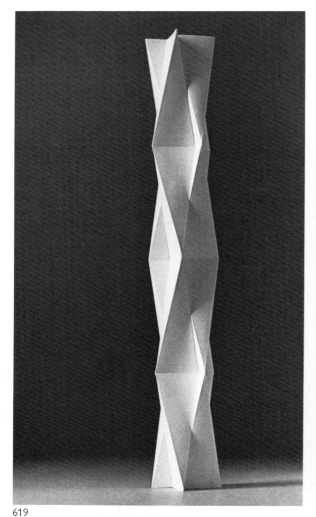

619

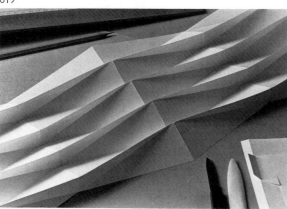

620

Vierfache tetraedrische Stele.
 Ihre Abwicklung ist aus einem einzigen Zuschnitt und gerillt. Eigentlich steht ihr formaler Reiz dem der fertigen Stele nicht nach. 619–620.

Tetraedrische Zwillingsstele. 621.

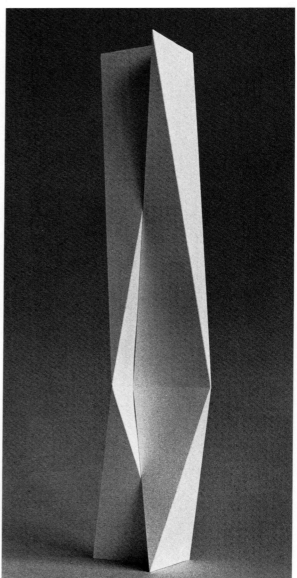

621

622

Stelen aus asymmetrischen Tetraedern und einer mittleren Ergänzungsfigur. 622–623.

Stele aus vier langgezogenen Tetraedern aus einem Zuschnitt. An den Enden läuft sie in Kreuzform aus, der Querschnitt in der Mitte ist genau quadratisch. 624.

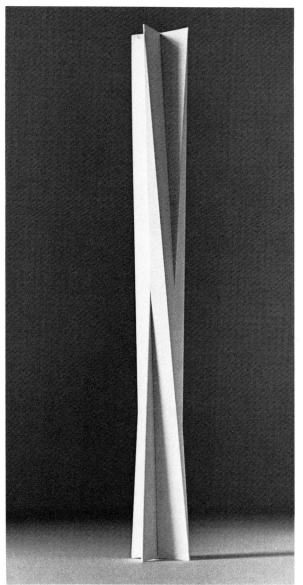

624

623

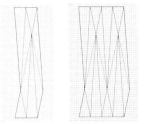

Sämtliche Stelen dieser Doppelseite sind aus Tetraeder- und Oktaederformen entwickelt. Sie zeigen, wie viele Lösungen eine relativ eng begrenzte Aufgabenstellung zulässt. Auch die vorangehenden Seiten gehören dazu.

625

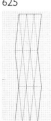

626

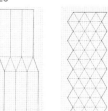

627

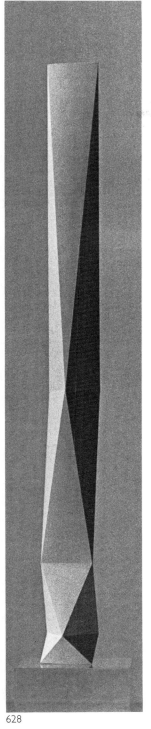

628

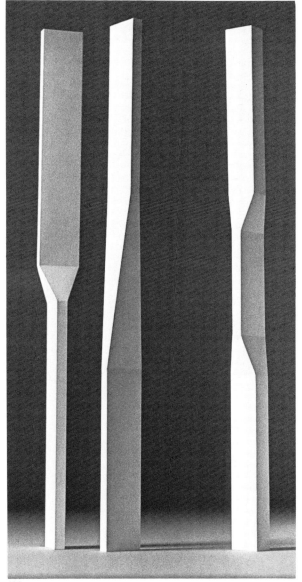

629

287

SPIELZEUG UND SPIELOBJEKTE

Papierkäppi, Schiffchen, Himmel-Höll, Papierflieger, sie fallen uns ein, wenn von Papierspielzeug die Rede ist. Nicht zu Unrecht, denn wieviel Freude haben diese anspruchslosen Faltarbeiten bereitet, seitdem sie irgendeinmal von irgendwem erfunden worden sind! Und wenn sie auch nicht lang am Leben bleiben, bald für immer den Bach hinuntergleiten, in der Dachtraufe landen oder sich in den Telefondrähten verfangen, sie sind die unbeirrbaren Verbreiter von Heiterkeit und Enthusiasmus, seit Jahrhunderten und hoffentlich noch lange.

Die Verletzlichkeit papierener Sachen und ihre oft nur kurze Lebensdauer sind keine haltbaren Einwände gegen sie. Vielleicht können gerade diese Eigenschaften zu sorgfältigem Umgang mit den Dingen anleiten, im Gegensatz zu den unzerstörbaren und meistens formlosen Spielzeugen aus Plastik, die fertig gekauft werden und sich die brutalste Behandlung gefallen lassen.

Die Beschäftigung mit Papierarbeit, wie sie dieses Buch anregt, ist an und für sich schon ein Spiel. Da und dort wird man aber auch Anregungen und Ansätze zu eigentlichen Spielzeugen finden, so wie die Windräder aus der einfachen Faltung heraus entstanden sind, welche Abb. 133 zeigt.

Die einfache Faltstruktur, die dem Kapitel «Entwicklung eines Faltschemas» zugrunde liegt, war auch für dieses Windrad der Anreger. Natürlich sind, auch bei einer verhältnismässig bescheidenen Sache wie dieser, manche Probleme zu überdenken, bevor sie in allen Teilen übereinstimmt und befriedigt. Neben der Frage des einwandfreien Funktionierens ist jene der farbigformalen Gestaltung nicht zu vernachlässigen; beide sind übrigens miteinander verknüpft. Wie lang das Stäbchen im Verhältnis zu den Luftschrauben sein muss, welche Farbe es erhalten soll, wie die Drahtachsen daran befestigt werden, das sind nur einige der Probleme, die hier bedacht sein mussten.

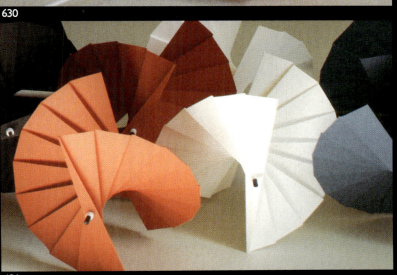

632

633

634

Die farbig formale Gestaltung der drei Kuben beruht auf einem einfachen geometrischen Raster, vergleichbar dem beim Spiel auf Seite 294 verwendeten. Die mit Temperafarben bemalten Würfel – diese sind aus Fotokarton, geritzt – stellen Versuche auf dem Weg zu einer Serie von kubischen Puzzles dar. 634–636.

635

636

Puzzle in schwarz-weiss. Würfel aus Fotokarton, geritzt. Anleitung zum Bau der Würfel und Anregung zu ihrer farbigen Gestaltung erfährt man in meinem Buch «Schachtel – Mappe – Bucheinband». 637.

farbig gestalteten Kartonwürfeln als Werbegeschenk. 638–641.

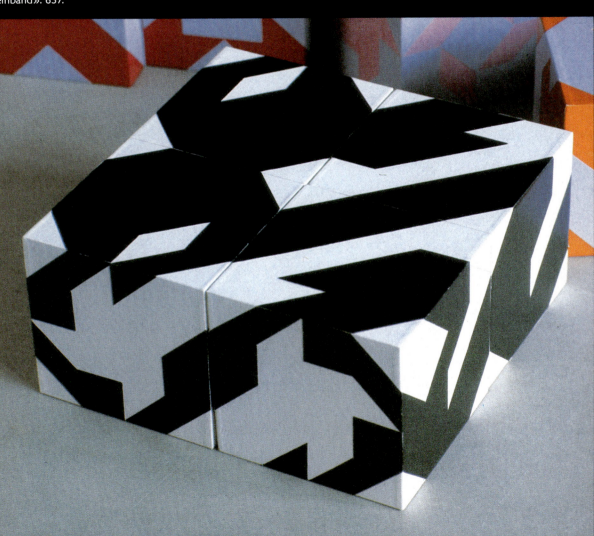

638

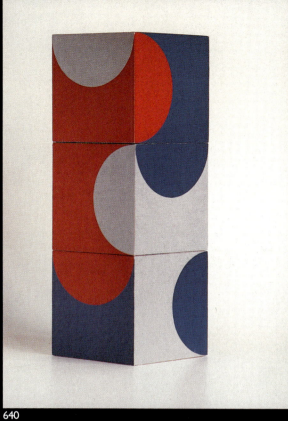

640

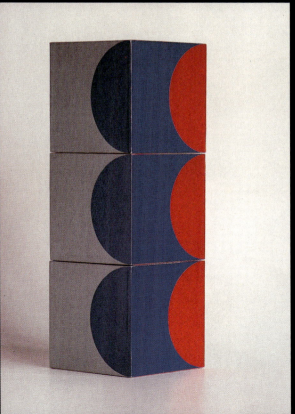

639

641

Die weissen Kartonformen dieses dreischichtigen variablen Reliefs sind aus einer Flächenteilungsaufgabe entstanden. Sie sind mit Selbstklebefolie auf quadratische Glasplatten montiert. Varianten entstehen durch Drehen und Vertauschen der Lagen. 642–644.

Kombinationsspiele mit Verpackungen. Die aus starkem Karton geklebten Würfel sind mit farbigen Glanzpapieren überzogen. 645–650.

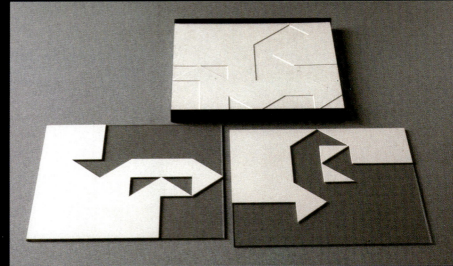

642

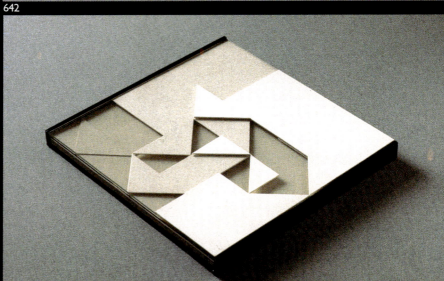

643

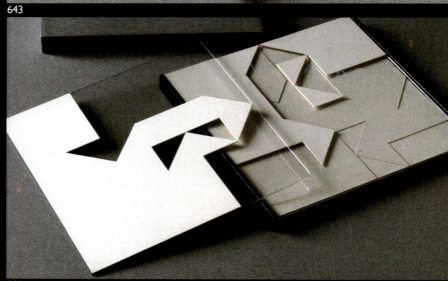

644

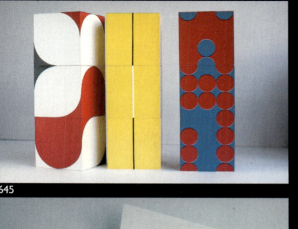

645

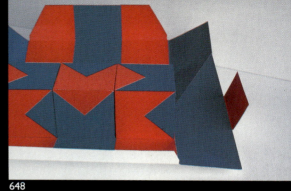

648

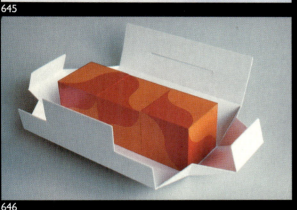

646

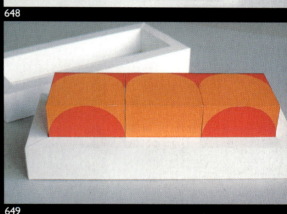

649

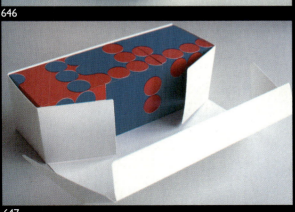

647

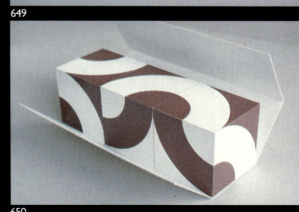

650

papier überzogene Kartonwürfel als Kombinationsspiel, in Plexiglasschachtel verpackt.

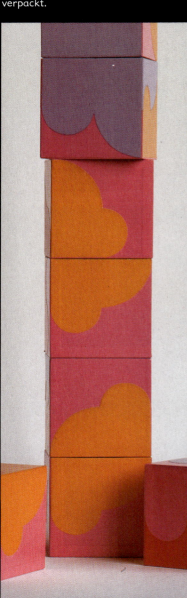

651

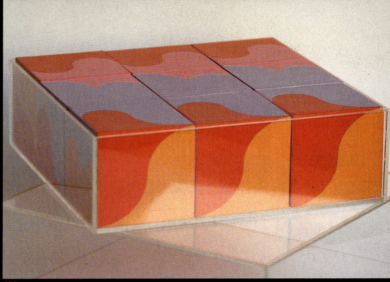

652

653

IM BEREICH DER PRAKTISCHEN ANWENDUNG

Einladungs- und
Glückwunschkarten
Verpackungen
Labyrinthe – Arbeiten aus
Wellkarton
Masken – Verformungen aus
feuchter Handpappe

EINLADUNGS- UND GLÜCKWUNSCHKARTEN

Auch wenn eine Karte nicht, wie die hier gezeigten, in besonderer Art räumlich oder plastisch gestaltet ist, kann die Wahl des Papiers oder Kartons eine entscheidende Rolle spielen und auch auf die typografische Gestaltung inspirierend wirken. Für gewöhnlich hat man nur einen mehr oder weniger starken, mehr oder weniger glatten weissen Karton vor Augen, wogegen doch eine Menge anderer Qualitäten zur Verfügung stehen. Eine Mustersammlung, wie sie dieses Buch anregt, oder Kollektionen von Papierhandlungen, sollten in solchen Augenblicken zur Hand sein.

Es müssen ja auch nicht immer Karten sein, ein leichtes, dünnes Blättchen, einen «Brief» in Händen zu halten, kann bei passender Gelegenheit ebenso richtig sein.

Durch irgendwelche Faltung, Stanzung usw. kann nun eine Drucksache (oder auch eine handschriftliche Mitteilung) zu etwas Besonderem, Aufmerksamkeitheischendem werden. Die Einladungs- oder Glückwunschkarte darf aber keine «Maschine» sein, Zurückhaltung zu üben ist hier ein guter Ratschlag. Natürlich wird die Art des Anlasses, zu dem eingeladen, des Ereignisses, zu dem Glück gewünscht wird, den genaueren Massstab geben. Wer die Übungen dieses Buches mit Aufmerksamkeit durchgearbeitet hat, kann bei einer solchen Aufgabe nicht in Verlegenheit geraten.

Die Einladungskarte mit dem schrägen Falt in der Mitte öffnet sich in unerwarteter Weise, die räumliche Dimension betonend. Gänzlich entfaltet halten wir ein zweimal abgewinkeltes Rechteck in Händen.

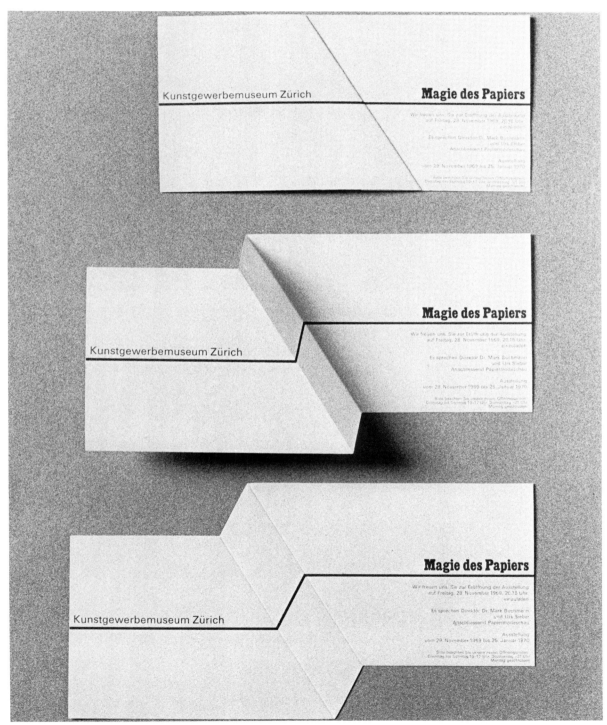

Die vorerst flach zwischen die Quadratflächen eingefalteten vier Dreiecke formen sich durch einfache Bewegung zum Tetraeder; die Quadrate dienen dabei, neben ihrer formalen Funktion, als Griffe. Nicht ohne Reiz sind auch die Zwischenstadien und die vollständig entfaltete Karte.

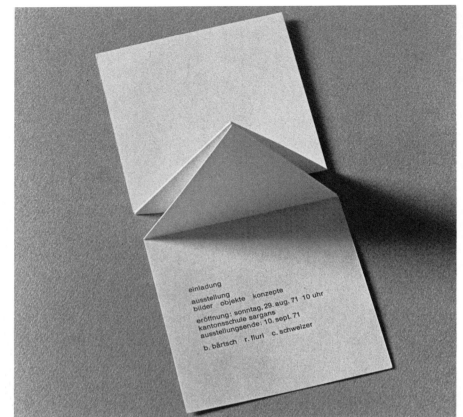

655

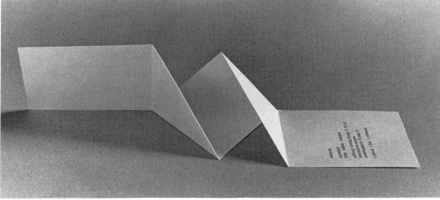

656

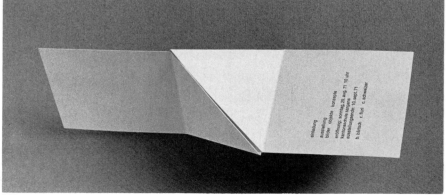

657

VERPACKUNGEN

Die Arbeiten, zu denen dieses Buch anregt, durch welche Sinn für einfache Form und Massverhältnisse geweckt wird, indem sie mit Problemen von Form und Funktion (z. B. in den Faltarbeiten) konfrontieren oder Fragen der Stabilität behandeln, können mithelfen, Voraussetzungen zu schaffen, auf die der Entwerfer von Verpackungen angewiesen ist. Es kann auch an das Verhältnis der Abwicklung zur geschlossenen Form, an die ökonomische Behandlung des Werkstoffes erinnert werden, alles Fragen, die den Verpackungsfachmann beschäftigen müssen. Das technische Rüstzeug holt er natürlich in der Praxis, denn eine gründliche Kenntnis der Apparate, die für seriemässige Herstellung von Verpackungen und deren Abfüllen eigens konstruiert werden, ist für ihn unerlässlich. Schon beim ersten Entwurf einer Verpackung sind die Bedingungen, die sie stellen, zu berücksichtigen, die Möglichkeiten, die sie bieten, auszunützen. Andere Gesichtspunkte, die er nicht übersehen darf: die Handlichkeit, die Frage, ob eine Verpackung nur einmal oder mehrmals geöffnet und wieder geschlossen

660

661

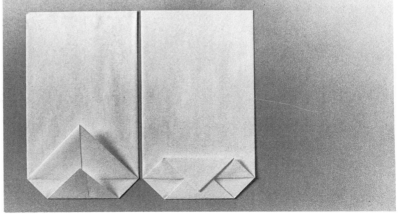
662

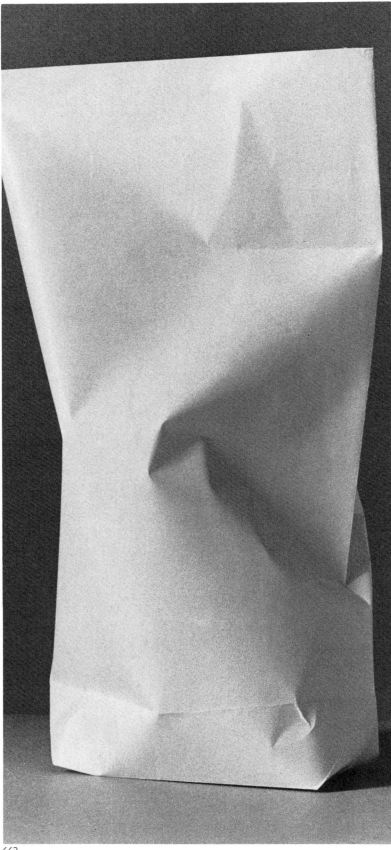

werden muss, ob sie für den Postversand tauglich zu sein hat, ob sie platzsparend, also flach gelagert werden muss, usw.

Allen diesen Anforderungen gerecht zu werden, ohne sich von ihnen versklaven zu lassen, ist unmöglich, wenn man nicht die Voraussetzungen mitbringt, auch die ästhetisch formalen Probleme von Anfang an mitzusehen, also eine zweckmässige und formal gute Verpackung anzustreben. Wenn man fähig ist, aus dem Gegenüber von funktionellen und ästhetischen Ansprüchen die fruchtbaren Einfälle zu gewinnen, hat man Wesentliches erreicht. Die in diesem Buch gebotenen Übungen könnten dem nach diesem Ziel Strebenden vielleicht entscheidende Hilfe leisten.

Als erstes wird unser alter gewöhnlicher Papiersack vorgestellt, der zusammen mit der Spitztüte eine der Urformen papierener Warenverpackung ist. Schon die sechs verschiedenen streng geometrischen Zustände, die er bis zu seiner Fertigstellung zu durchlaufen hat, sind anregend und schön. Vollends aber ist der zur Aufnahme des Füllgutes vorbereitete Sack mit seinen zufälligen und doch so kräftigen Formen ein Objekt, das durch seine Frische und Vertrautheit anspricht.

664

Verpackung eines Würfels.
Eine Art geometrischer
Stilisierung des gebräuch-
lichen, laienhaften Ein-
schlagens eines kubischen
Gegenstandes. Zum Ver-
schliessen werden die
vier dreieckigen Enden
ineinandergesteckt. 664.

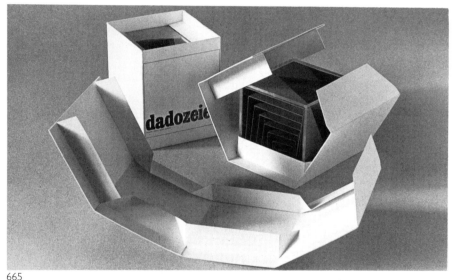

665

Verpackung eines würfel-
förmigen Spielobjekts.
Im geschlossenen Zustand
bleiben zwei Öffnungen, die
den Charakter des Inhalts
verraten. Fenster wie auch
Einsteckverschluss ergeben
sich aus der Konstruktion.
665.

Verpackung eines Taschen-
tuchs in einfacher Falt-
technik. Die Form der Ab-
wicklung ist rechteckig,
zum Öffnen wird ein per-
forierter Streifen wegge-
rissen. 666.

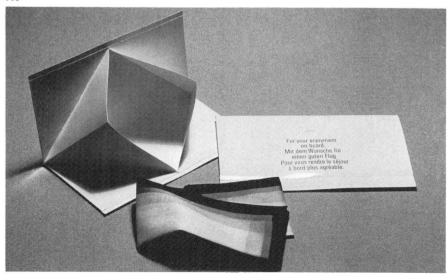

666

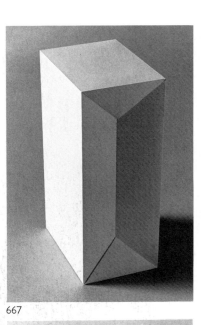
667

669

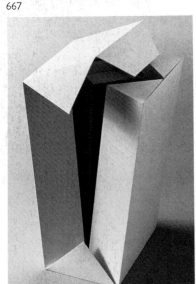
668

670

Modell einer schlagsicheren Verpackung für Weinflasche. Einsteckverschluss mit zusätzlicher Verklebung bei Postversand. Annähernd rechteckige Abwicklung aus einem Zuschnitt.

672

673

Kleine Würfelschachtel aus
Hochglanzkarton, gerillt,
Verschluss selbstklebend.

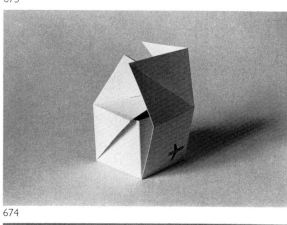

674

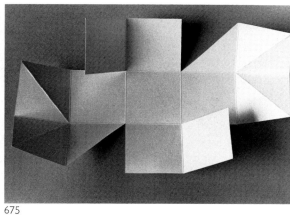

675

676

LABYRINTHE – ARBEITEN AUS WELLKARTON

Wellkarton ist ein relativ junger Werkstoff, der vor allem auf dem Sektor der Warenverpackung verwendet wird; leichtes Gewicht und Stabilität sind seine Kennzeichen. Er wird in verschiedenen Qualitäten hergestellt, die stärksten sind stabil und hart wie Bretter, die leichtesten, hauptsächlich für feine Schachteln, sind nur etwa 1 mm dick und federleicht (Mikrowellkarton). Der bekannteste ist der zweischichtige Wellkarton, der sich rollen lässt und vor allem auch begehrt ist zum Werken mit Kindern und Jugendlichen. Er ist aber auch ein gefährliches Material, insofern er leicht zu billigen Tricks und schwächlichen dekorativen Effekten verführt. Das Resultat sind daher formlose und langweilige Gebilde. Wo Buben aus grossen Wellkartonschachteln ein Haus bauen oder Mädchen noch wirklich naiv eine Puppenstube basteln, da kann es kaum schiefgehen. Alles ist ja schön und überraschend, was Kinder erzeugen, so lange sie nicht von schlechtem Geschmack beeinflusst und verdorben sind.

Die Aufgabe, die hier als einziges Beispiel gezeigt wird, war ursprünglich als Material- und Formübung für angehende Innenarchitekten gedacht, das Thema heisst Labyrinth.

Der Werkstoff ist der erwähnte Mikrowellkarton, die Masse des Grundrisses sind 40 × 40 cm. Die Arbeit besteht aus einem selbst angelegten Fundament aus gleichem Material und aus den darauf in labyrinthischer Anordnung aufgestellten, bzw. -geklebten Wändchen. Wer will, kann das Ganze zu einem Kugelspiel ausbauen. Ob man nun mit Wändchen zu experimentieren beginnt oder zuerst einen geeigneten Grundriss sucht, immer geht es darum, das Gebilde zu finden, dessen Verhältnisse möglichst ausgewogen und zugleich möglichst spannungsreich wirken. An dieser Arbeit ist das Umsetzen eines einfachen Grundrisses ins Dreidimensionale zu beobachten, also eines linearen «Musters» ins greifbar Plastische, eines «Planes» in die «Wirklichkeit». Man wird dabei erfahren, dass das plastische Objekt anderen Bedingungen unterworfen ist als die Zeichnung, dass sie anderen, eigenen Gesetzlichkeiten gehorcht. Vielleicht müssen die Wände näher zusammengerückt werden, oder sie sollten höher oder niedriger sein. Auch die Höhe des Podiums im Verhältnis zur Höhe der Wändchen spielt natürlich eine wichtige Rolle. Man stelle sich die Extremsituationen vor: Bei Würfelform des Fundamentes sehr niedrige Wändchen und bei niedriger, etwa 1 cm dicker Grundplatte 40 cm hohe Wände. Bei gleichem Grundriss hätten wir zwei völlig verschiedene Wirkungen.

Der Wellkarton wird mit scharfer, möglichst dünner Klinge von Hand geschnitten. Ist die Zeichnung genau auf das Fundament übertragen, werden die Wändchen aufgeklebt. Man muss aufs erste Mal den genauen Ort treffen, da ein Verschieben vermieden werden soll. Der Klebstoff wird entweder mit einem Flachpinsel auf die Kanten der Wändchen gebracht, oder man streicht ihn vorerst auf eine plane Unterlage (Glasplatte), um ihn von dort direkt mit der Kartonkante aufzunehmen.

677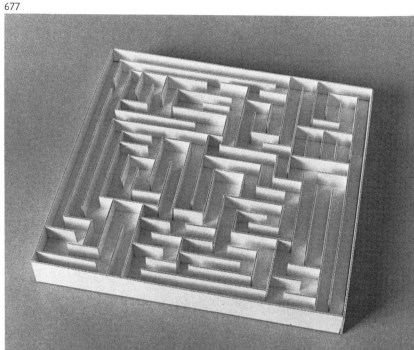

678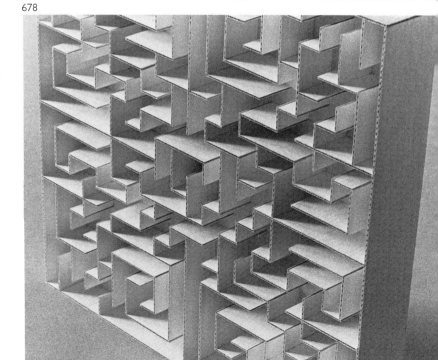

Drei Labyrinthe. Die Bilder machen unter anderem deutlich, wie verschieden ein Objekt bei verändertem Lichteinfall oder Blickwinkel, bei Fern- oder Nahsicht, erscheinen kann.

679
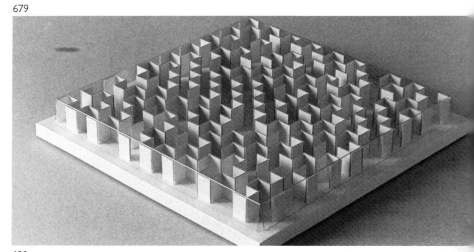

680
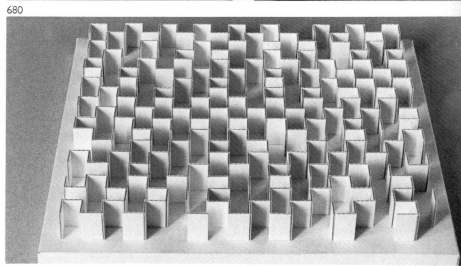

681

682

683

684

685

686

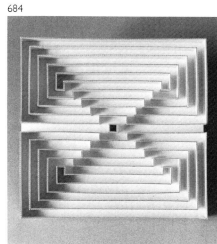
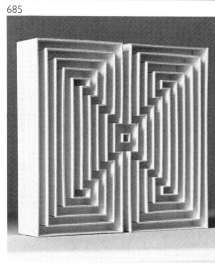

In den sechs Arbeiten zeigen sich sechs grundverschiedene Auffassungen des einen Themas «Labyrinth».

687

689

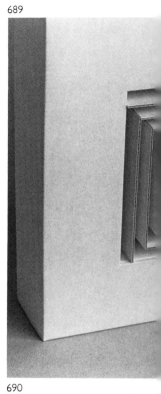

688

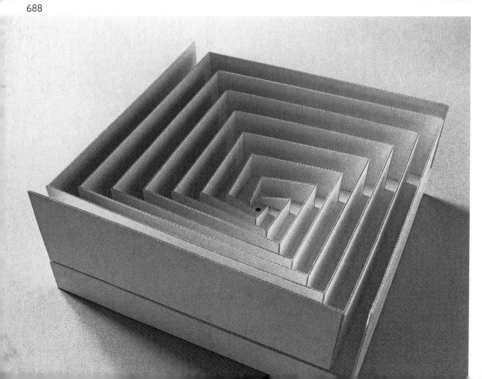

690

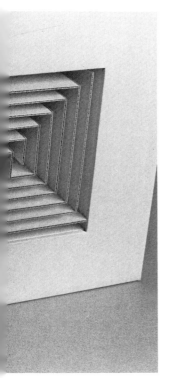

691

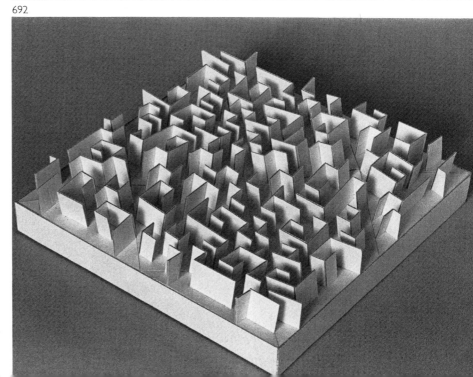

692

MASKEN
VERFORMUNGEN AUS FEUCHTER HANDPAPPE

Im Charakter sehr anders als alle übrigen Arbeiten in diesem Buch sind die drei hier abgebildeten Köpfe. Dazu angeregt hat die Tatsache, dass in Wasser aufgeweichte Handpappe sich relativ leicht verformen lässt. Die drei maskenartigen Gebilde sind gleichzeitig mit einer Anzahl anderer, mehr «abstrakter» Kartonformen entstanden.

Die Arbeit geht folgendermassen vor sich. Einige Stücke grauer Handpappe von rechteckigem oder beliebigem Zuschnitt, die man beim Kartonhändler oder Buchbinder kauft, werden in warmes Wasser eingelegt. Nach etwa 30 Minuten, wenn das Material mit Feuchtigkeit gesättigt ist, wird es herausgezogen und beidseitig mit dünnem Kleister eingestrichen. Dies wird während der darauffolgenden Bearbeitung ein Ribbeln verhindern. Nun werden die feuchten Kartonlappen mit beiden Händen gefasst und verformt, d. h. gebogen, gewellt, gefaltet, gestaucht usw. Faden oder Schnur und Wäscheklammern helfen, das verformte Stück bis zum vollständigen Trocknen in der gewünschten Lage festzuhalten. Die abgebildeten Masken wurden nachträglich mit weisser Farbe lasierend bemalt.

Das beschriebene Vorgehen ist am ehesten mit jenem bei den Pliagen vergleichbar. Hier wie dort ist die Arbeit das Resultat der Wechselwirkung zwischen der zu realisierenden Vorstellung und der Eigengesetzlichkeit des Werkstoffs, also zwischen Gewolltem und Zufälligem.

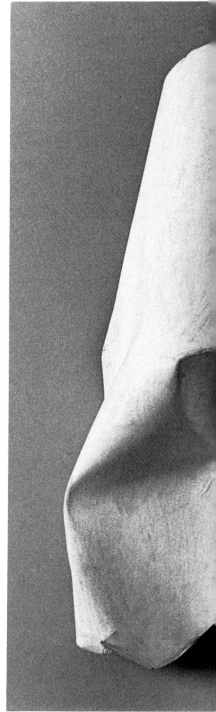

693

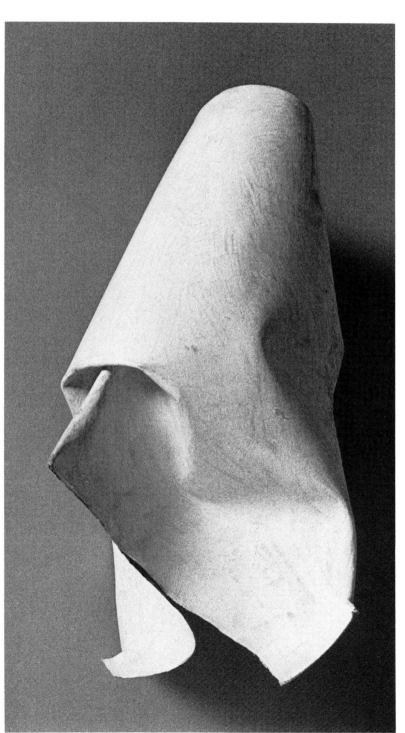

694

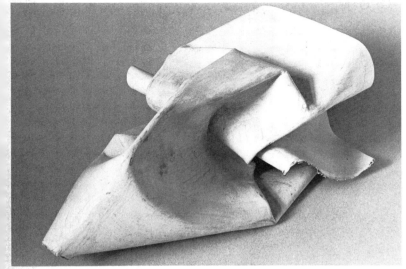

696

Das Material, die Handpappe, wird hier in feuchtem Zustand verarbeitet, die Masken haben daher weiche, wenn auch nicht unbestimmte Formen. Die Technik erlaubt keine kleinlich naturalistischen Züge, was ein Vorteil ist, sind es doch die Hauptformen, denen das plastische Gebilde in erster Linie seinen Ausdruck verdankt.

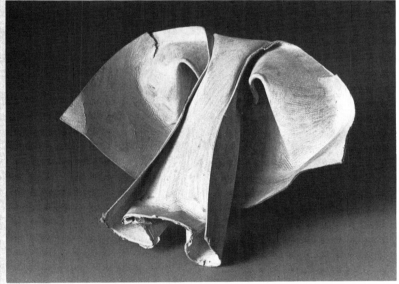

697

698

Verzeichnis der Schüler-
arbeiten
(Die Nummern beziehen
sich auf die Abbildungen)

36
56–62
67
70
71
84
86–93
98
102–108
120–128
210–213
217
281
483–485
487
490
596–598
602–605
607
632–633
638–641
645–653
655–658
664
677–692

Hinweis: Ein weiteres Werkbuch von Franz Zeier

SCHACHTEL MAPPE BUCHEINBAND

Die Grundlagen des Buchbindens für alle,
die dieses Handwerk schätzen:
für Werklehrer, Fachleute und Liebhaber

304 Seiten mit 551 Zeichnungen und 123 farbig dargestellten Objekten,
Pappband Fr. 62.– / DM 79.80 / € 39.90

Die vielen Zeichnungen verleihen dem Werk eine ausserordentliche Anschaulichkeit und ermöglichen dem Leser ein lückenloses Verfolgen der Arbeitsabläufe. Der Lehrgang ist übersichtlich aufgebaut und trotz aller Gründlichkeit nicht überlastet. Auf Fachjargon wurde zugunsten besserer Allgemeinverständlichkeit weitgehend verzichtet. Ausserdem hat der Autor auf den Umstand Rücksicht genommen, dass in den Werkräumen unserer Schulen und zuhause beim Laienbuchbinder in der Regel weder Stockpresse noch Pappschere oder Schneidemaschine zur Verfügung stehen.

Dieses Buch führt den Leser Schritt für Schritt in die handwerklichen Techniken des Buchbindens ein. Der Autor hat ein grosses Gewicht auf Anfangsgründe des Buchbinderischen gelegt, zum Beispiel auf Handhabung der Werkzeuge, auf Behandlung des Werkstoffs Papier oder auf die vielfältigen Probleme des Klebens.
Ausser den verschiedenen Ausführungen von Schachteln, Mappen, Deckenbänden behandelt er hier auch das Fotobuch, das Passepartout und die Klebebindung.

: haupt   Verlag Paul Haupt Bern · Stuttgart · Wien
verlag@haupt.ch · www.haupt.ch